未来を変える
偉人の言葉

Great Sayings for Changing the Future

監修
和田孫博　灘中学校・高等学校校長
塩瀬隆之　京都大学総合博物館 准教授

新星出版社

はじめに

「失われた20年」と言われて久しく、すでに30年を超えた。今や日本人の心の中に挫折感や諦念が住み着いている。その間、東日本の大震災をはじめとする災害や隣国との関係の閉塞状態に加え、直近ではコロナ禍が追い打ちをかけた。

内閣府の『我が国と諸外国の若者の意識に関する調査』によると、「自分自身に満足している」若者は比較された先進7か国のうちで唯一50％に満たない。そして「社会における問題の解決に関与したいか」という問いに肯定的に答えたのは40％程度である。つまり、今の日本の若者の過半は、自信がなく自力では社会を変えられないと諦めているのだ。

しかし、時間が経てば社会が勝手にいい方向に変わるわけではない。未来の社会が変わるには、それを構成する一人ひとりが変わること、少なくとも変わろうとする意志を持つことが必要だ。

本書は、未来を変えたい人たちに古今東西の偉人たちが贈るメッセージ集である。

新しい「発想」でチャレンジせよと励ます言葉。
重大な「決意」で壁にぶつかれと促す言葉。
「寛容」の精神で人の心を動かせと諭す言葉。
「挫折」に負けずに立ち上がれと鼓舞する言葉。
人に流されず「孤高」を貫き道を拓けと導く言葉。

現状から抜け出して一歩踏み出す手掛かりとなる言葉がきっと見つかるはずだ。それをきっかけとして、読者諸氏が未来の社会を今より良い方向に変化させることに関わってくれることが、本書の監修者としての願いである。

灘高等学校・中学校校長　和田孫博

目次

2章「決意」で未来を変える章 59

～今より一歩前に踏み出すためには

3章 「寛容」で未来を変える章 101

～リーダーとして生きていくためには

4章「挫折」で未来を変える章　135

～挫折・失敗を乗り越えるために

【STAFF】
プロデューサー：松尾里央（ナイスク）
https://naisg.com
企画・編集：高作真紀・岩本敦也（ナイスク）
執筆協力：川合良祐
装丁・本文デザイン：工藤政太郎
イラスト：真崎なこ

※名言の解釈・翻訳などについては、諸説ありますが、この本独自の判断で掲載しています。
※紹介している国名は現在の表記にしていますが、一部偉人が生きていた当時のものもあります。

1章

「発想」で未来を変える章

～周りにとらわれずに自分らしさを出して生きるには

偉大なことを成し遂げる人はつねに大胆な冒険者である

シャルル・ド・モンテスキュー／フランスの哲学者

政治学者の顔をもつモンテスキューは、権力を「立法」「行政」「司法」の3つに分けた「三権分立」の仕組みを、著書『法の精神』で提唱した人物。「偉大なこと」とは、必ずしも大きなことではない。依頼されたプロジェクトに挑戦することや未経験の物事へのチャレンジ、こうありたいという希望や夢へ向かっているなど、すべての人に当てはまることである。しかし、それを成し遂げるには臆病にならず大胆に挑戦しなければならないのだ。

学問の出発点は、疑うことである

ガリレオ・ガリレイ／イタリアの物理学者・天文学者

この世には抑圧者も被抑圧者もいない。あるのはただ抑圧されても耐える者とそれを耐えない者だけだ

ムスタファ・ケマル／トルコの大統領

勉強とは、自分の無知を発見すること

ウィリアム・デュラント／アメリカ合衆国の歴史家・哲学者

貧困は僕にとって必ずしも憎むべきものではなかった。なぜなら、太陽と海は決して金では買えなかったから

アルベール・カミュ／フランスの小説家

カミュは生まれた翌年に第一次世界大戦で父を失くし、極貧生活を送った人物。大人になってからは地下新聞の編集に携わり、数多くの作品を書き上げた。カミュが残した名言には、当時の彼の環境が強く影響している。当時カミュは貧乏に加え、パリがヒトラーに占拠されるという困難を極めた状況だった。しかし、アルジェリアの美しい海と燦々と輝く太陽は誰かがお金を払って所有物にできるものではない。貧乏だったからこそ、お金で買えない価値あるものに気づいたのだ。大変だと悲観的に見るのではなく、今あるものを肯定的に受け止めて、そこからスタートすることが大切なのである。

恐れるべき競争相手とは、
あなたを全く気にかけることなく、
自分のビジネスを
常に向上させ続ける人間をいう

ヘンリー・フォード／アメリカ合衆国の起業家・フォードモーター創設者

成功したいなら
踏みならされた道を
行くのではなく新たな道を
切り開きなさい

ジョン・ロックフェラー／アメリカ合衆国の実業家・慈善家

偉業をなそうと思うなら
その基礎をしっかり
固めなさい

北里柴三郎／医学者

0から1を作るのは
難しい。
1から2をつくることは
やさしい

クリストファー・コロンブス／イタリアの探検家

未知なる課題は今ある知識で解決しなくてはいけない。だから今勉強するのだ

和田孫博／灘高等学校・中学校 校長

Pick up

未来のために

「何のために勉強するのか」と子どもたちに問われた時に話した言葉。災害や感染症など人生には想像もしていなかったことが身に降りかかることがある。そんな未知の課題を解決しようとする時、頼れるのはそれまでに身につけた知識や経験だ。だから今、しっかり勉強することが大切なのだと伝えている。

私が遠くを見ることができたのは巨人の肩に乗っていたからです

アイザック・ニュートン／イギリスの哲学者・物理学者

ニュートンが残したこの言葉は、ライバル研究者ロバート・フックに当てた手紙の中にでてくる。実際に巨人がいたわけではなく、「自分が大きな発見に辿り着けたのは、過去の研究者（先人）たちの積み重ねがあったから」と、先人のことを巨人に例えて綴ったものだ。何よりも、ニュートンは謙虚に事実を捉えることの重要性を説いているのである。

興味があるからやるというよりは、やるから興味ができる場合がどうも多いようである

寺田寅彦／物理学者・随筆家・俳人

自己の所得以上に望まぬ者は富者なり

マルクス・トゥッリウス・キケロ／古代ローマ共和国の政治家

発明はひらめきから、ひらめきは執念から。執念なきものに発明はない

安藤百福／実業家・日清食品創業者

失ったものを数えるな、残されたものを最大限に生かせ

ルートヴィヒ・グットマン／ドイツの神経学者

第二次世界大戦によって、体に障害をもった軍人の治療にあたったグッドマン。自分の失ったものを嘆くのではなく、今持っている才能や資質を最大限に生かすことの大切さを訴えた。パラリンピックの創始者。

配られたカードで勝負をするっきゃないのさ、それがどういう意味であれ

チャールズ・シュルツ／アメリカ合衆国の漫画家

道はわれわれが見つけるか、でなければわれわれが作るのだ

ハンニバル・バルカ／カルタゴ（チュニジア）の将軍

「そんなバカなことはできない」と誰もが思うことならば、競争相手はほとんどいない

ラリー・ペイジ／アメリカ合衆国の Google 共同創業者

勝人者有力自勝者強

（人に勝つものは力有り、自ら勝つ者は強し）

老子／中国の哲学者

老子は、中国、春秋戦国時代の楚（そ）の思想家。「老子」と呼ばれる書物の作者として広く知られ、「道」（タオ）という哲学的な思想を説いた。弱肉強食の戦国時代を生きた老子が「本当の強さとは何か」を表現したこの言葉には、本当の強さとは自分自身に打ち勝つことであるという強い思いが込められている。

世の中に新しい創造などないあるのはただ発見である

アントニ・ガウディ／スペインの建築家

Pick up

自然や経験から得たものでしか作ることはできない。

サグラダ・ファミリアなど数々の名だたる作品で知られるスペインの建築家、アントニ・ガウディはこの言葉に、「すべての物事は無から生まれる訳ではない」という意味を込めた。たとえ、絵描きであっても、絵の具がなければ描くことは叶わず、飛行機の設計図だって鳥などを参考にしている部分がある。つまり、人間は全く何も無いところからではなく、自然や自身の経験から得たものを使って何かをつくっていると述べた。

Stay Hungry, Stay Foolish

スティーブ・ジョブズ／アメリカ合衆国の実業家・アップル創業者

2005年、スタンフォード大学でスピーチを行なった際、最後の締めくくりで彼が語った言葉は、若い頃に愛読した全地球カタログ（ホールアースカタログ）の最終号に書かれていた言葉だった。「現状に満足せず、飢えた気持ちでいろ。常識にとらわれず、自由な発想でいろ」はまさにスティーブの人生そのものである。

先生に教えられた通りに答えなければいけない学問。そんなものに一生を託すのは、いやだ

湯川秀樹／物理学者

すべての嵐が同じではないんです。人間と一緒なんです

藤田哲也／気象学者

人は、無力だから群れるのではなく、群れるから無力になる

竹中労／評論家

人生に必要なものは勇気と想像力。それとほんの少しのお金だ

チャールズ・チャップリン／イギリスの映画俳優

貧しい幼少時代を過ごしたチャップリンは反骨精神を糧に、喜劇役者として道を切り開いた。そんな彼の作品のなかでも傑作と名高い「ライムライト」に出てくる名台詞。お金は少ししかなくとも、勇気と想像力さえあれば、日々は変わる。日々が変われば人生は変わるという意味。

知ることは見ること。
ここではどんな人間の知識も
当人の経験を
超えることはありえない

ジョン・ロック／イギリスの哲学者

イギリス経済論の父と呼ばれたジョン・ロックは、どんな知識も人から教えられただけでは不十分で、自分で経験し自分の目で確かめることが重要だと言った。その生涯のほとんどを学問に捧げ、経済学の他に、政治学者、哲学者としても非常に有名である。彼の政治思想はのちに起こった名誉革命を理論的に正当化することになり、自由主義の父とも呼ばれた。

人間は
努力している限り、
迷うものだ

ヨハン・ヴォルフガング・フォン・ゲーテ／
ドイツの詩人・劇作家

ドラマとは、
人生における
退屈なシーンを
削ぎ落としたものですよ

アルフレッド・ヒッチコック／イギリスの映画監督

無知の知

ソクラテス／古代ギリシャの哲学者

Pick up

自分が無知であるという事実の他には、私はなにも知らない

ソクラテスは政治に関わり、出会う人々と哲学的な議論を繰り返すことで信奉者を増やしていった。しかし、アテネの神を敬わない姿勢や青年たちを惑わした罪により、毒ニンジンの杯を飲んで亡くなってしまう。彼が残した名言「無知の知」は、ソクラテスこそが一番賢いという神のお告げが下り、その正誤を賢者たちに確かめに行って出た言葉である。賢者たちが何も知らないのに知っていると思い込んでいることに気付いた彼は、自分こそが一番の知者かもしれないと考えた。なぜなら、ソクラテスは「自分が知らない」ということを分かっていると自覚していたからである。

自分の好みに合ったことだけを取り入れるな。むしろ自分が苦手なことにこそ立ち向かっていけ

小早川隆景／戦国大名

毛利元就の三男であり、天才軍師として活躍した隆景の言葉。苦手なことに挑戦して初めて、自分と向き合うことができる。その先に成長があると説いている。

真の発見の旅とは、新しい景色を探すことではない。新しい目でみることなのだ

マルセル・プルースト／フランスの小説家

人生、即、芸術

岡本太郎／芸術家

人生は一箱のマッチに似ている。重大に扱うには莫迦《ばか》莫迦《ばか》しい。重大に扱わなければ危険である

芥川龍之介／小説家

芥川の随筆「侏儒の言葉」にある一節。マッチ箱は小さくてありふれたものだが、もし扱いを間違えると大火事になってしまうことがある。私たちの日常も単調で毎日同じことの繰り返しをしているように思えるが、たった一つの行動がきっかけとなり、大きな被害を生むことがあると伝えている。

何かを変えようと思ったら
まず自分自身を変えることです。
生きることは素晴らしい体験ですから、
エンジョイしていくべきです

ワンガリー・マータイ／ケニアの政治家

心は空なり

宮本武蔵／剣術家

13歳で初めて決闘に勝利し、29歳まで60回以上にわたって一度も負けなかった剣豪、宮本武蔵。武蔵が60歳の時、兵法について書き記した「五輪書」の中で、実践的な戦い方を述べたあと結論として出でくる言葉が心は空なりだ。「いろいろ作戦を練るよりも心を空にして挑んだ方が勝てることがある」ということの言葉は肩に力が入り過ぎたときにぜひ思い出したい言葉である。

人は人
吾は吾なり
山の奥に棲みてこそ知れ
世の浮沈

高杉晋作／長州藩士

他社がまねするような商品をつくれ

早川徳次／実業家・東京地下鉄創立者

シャープペンシルに鉱石ラジオセット、白黒テレビ、カラーテレビと国産第一号を連発した早川。売れる商品は他者がまねをしたがる、それならまねされるような商品を作ろうと心がけていれば、会社の成長につながると考えていた。

知は力なり

フランシス・ベーコン／イギリスの哲学者

Pick up

世の中のためになる「知」を追求した

イギリスの哲学者ベーコンの数ある著作の中で『ノヴム・オルガヌム』に記録されている言葉が、「知は力なり」である。作品名を訳すと「新しい（学問研究の）道具」。この作品はアリストテレスの『オルガノン（道具）』に対抗して書かれ、「知識の活用により技術開発を行い、社会を豊かにしていこう」というメッセージが込められている。そのために思い込みを捨てて、実験や観察を繰り返しながら自然をありのままに見つめることが重要だと説いた。ベーコンがそのような実験や観察を重んじるのも、彼の性格や時代の影響が強い。ベーコン自身、抽象的な原理から始める議論が大嫌いということもあり、確固たる事実に基づいた「帰納法（さまざまな事実や事例から傾向をまとめあげて結論につなげる方法）」を重視していた。また、ベーコンの時代では古代ギリシャ時代から続く哲学が学問の中心であり、誰かを言い負かすことができても新しい発明や発見に繋がらなかった。そこで、本当に世の中のためになる「知」を追求し『ノヴム・オルガヌム』に記して訴えたのである。

〝俺がやる〟というところに事業の発展がある

水野利八／スポーツ用品メーカー「ミズノ」創業者

私に限界があるとしたら、空だけね

エレーナ・イシンバエワ／ロシアの陸上選手

ゲームといえども、自分自身を高める努力を続けていれば、いつかゲームへの、そして自分自身への周囲の見方を変えることができる

梅原大吾／プロゲーマー

歴史を読むのは楽しい。歴史をつくるのはさらに楽しい

始皇帝（嬴政）／中国の初代皇帝

多くのことをなす近道は、一度にひとつのことだけをすることだ

ヴォルフガング・アマデウス・モーツァルト／オーストリアの音楽家

義足になったことは、私の障害どころか、むしろ可能性を広げてくれた。私が歩むべき道へと導いたのは、この２本の義足だ。頭を働かせて、誰も思いつかなかった解決策を見つけられたのも、義足だったから

エイミー・パーディ／アメリカのパラリンピックスノーボード選手

この世に生を受けたこと。それ自体が最大のチャンスではないか

アイルトン・セナ／ブラジルのF1レーサー

常に手を伸ばして生きている人間と、「もういいや」と思っている人間の差は大きい

有森裕子／マラソン選手

一歩踏み出せるなら、もう一歩踏み出せる

ドット・スキナー／アメリカ合衆国のフリークライマー

最強の敵は自分自身だ！

アベベ・ビキラ／エチオピアのマラソン選手

人間は自由なものとして生まれた。しかしいたるところで鎖につながれている

ジャン・ジャック・ルソー／フランスの哲学者

ルソーは公務員として働いた後、哲学に関心を持ってフランスの哲学者やイギリスの哲学者トマス・ホッブズ、ジョン・ロックらに影響を受けた人物。『社会契約論』に収録されているこの言葉の「鎖」とは、民衆を縛るルールのことを指している。ルソーが生きた時代のフランスでは、一部の人が一方的なルールで社会を縛ろうとしたため、みんなで意見を出し合って納得できる社会の在り方を考えようと訴えたのだ。

見えないと
始まらない。
見ようとしないと
始まらない

ガリレオ・ガリレイ／イタリアの天文学者・物理学者

努力する人は
希望を語り、
怠ける人は
不満を語る

井上靖／小説家

ほとんどの場合、
成功するか
成功しないかは、
成功に要する時間を
知っているか
否かに等しい

シャルル・ド・モンテスキュー／フランスの哲学者

自分の幸せを数えたら
あなたはすぐに幸せになれる

アルトゥル・ショーペンハウアー／ドイツの哲学者

ニーチェやフロイトなど著名な哲学者に影響を与え、「意志と表象としての世界」などの哲学書を残しているショーペン・ハウアーの言葉。幸せになりたいと願うなら、まずは自分の周りにある幸せに気づくべきと説いた。

芸術は長く人生は短い

ヒポクラテス／古代ギリシャの医者

「医学の祖」といわれるヒポクラテスの言葉を元にした「ヒポクラテス全集」によって伝えられている言葉。優れた芸術作品はたとえ作者が死亡しても長く残ると言っている。

興味のあることに取り組むことは幸福そのものだ

オービル・ライト／アメリカ合衆国の発明家・パイロット

俺は新しいことに挑戦することが大好きだ。新たな活力を生み出してくれるからだ

マイルス・デイヴィス／アメリカ合衆国のトランペット奏者・作曲家・編曲家

物事の見方は、自分が「変えたい」と思えば変えられる

アルフレッド・アドラー／オーストリアの精神科医・心理学者

好奇心の前では、皆平等

塩瀬隆之／京都大学総合博物館准教授

Pick up

大切なのは「不思議だな」と思う気持ちに素直になること

「ゾウのハナクソはどこにたまるのか」「ロボットは座布団を椅子の仲間と認識できるのか」……　答えがあるかないかもわからないけれど、なぜか考えてみたくなる良質の問いは、小さな子どもから老若男女あらゆる人々を魅了する。多様性の時代と言われても、歳を重ねるごとにこびりついた常識という名の偏見が、文化や価値観の違う相手を排除しようとする場面は少なくない。年齢も性別も多様で、障害も国籍も関係なく、たくさんの人々が一堂に会する学び場づくりを何百と繰り返すなかで、この言葉が場づくりのモットーとなってきたことは必然だったに違いない。誰もが生まれながらにもっているはずの＜好奇心＞こそ、些細な相違を無に帰す基点であり、私たちが大切にすべきなのは誰もが普遍的にもつ「不思議だなと思う気持ち」に素直になることである。

現代人は何でも知っている。ただ知らないのは自分のことだけだ

アーノルド・J・トインビー／イギリスの歴史家・歴史学者

アーノルド・J・トインビーの著書「現代が受けている挑戦」の中で紹介されている言葉。なんでも知っている人間だが、自分のことに関しては知っているようで知らないものであると言っている。

咲くも無心
散るも無心
花は嘆かず
今を生きる

坂村真民／仏教詩人

本当の人間の幸せはね、
欲望を充足していく方向にあるんじゃない。
欲望を切り捨てていくところに
あるんだとおもいますよ

竹中労／評論家

私にできるのは、
私にできることについて、
私ができるベストを尽くすこと

スティーヴィー・ワンダー／アメリカ合衆国のミュージシャン

数々の名曲を生み出した盲目のシンガー。11歳でデビューし、その後もトップスターとして走り続けた彼の努力は、並大抵のものではなかったが、彼にとっては自分のできることをただひたむきに続けたに過ぎなかった。常にベストを尽くすことが大切だと教えてくれる。

重要なことは、正しい答えを見つけることではない。正しい問いを探すことである

ピーター・ドラッガー／オーストリア生まれの経営学者

初心忘るべからず

世阿弥／申楽師

室町時代の能役者世阿弥が「花鏡」で書いた言葉。世間では「物事の新鮮さをわすれるな」という意味で広く知られているが、正確なニュアンスは「未熟な芸や、年齢ごとの芸の初めての境地を忘れるな」という意味である。

人に褒められたいなら、自分のことを褒めるな

ブレーズ・パスカル／フランスの哲学者・物理学者

物理学、哲学、自然哲学、数学、キリスト教神学に詳しく、特に物理学においては台風のニュースでよく耳にする「ヘクトパスカル」の生みの親である。そんなまさに天才の彼であったが、自分を褒めるなと言った。自分で自分を褒めるような振る舞いは、周囲から認めてもらえるはずはなく、謙虚な姿勢を保つことが大切だということだ。

私の言語の限界が私の世界の限界だ

ルートヴッヒ・ヨーゼフ・ヨーハン・ウィトゲンシュタイン／オーストリアの哲学者

Pick up

大切なのは、正しい言葉を使うこと

バートランド・ラッセルから哲学を学んだウィトゲンシュタインが述べた言葉。例えば「木に鳥が止まっている」は、現実の世界を写し取った文章だが「徳は知である」は、事実を確かめることができない。だからこれは間違いであるとした。このように、哲学の真の役割は、言葉にできることと言葉にできないことの境界を確定して明示することにあり、正しい言葉をつかうことが大切だと考えた。

若くして
流さぬ汗は
年老いて涙となる

中村清／マラソン指導者（瀬古利彦を育てた）

迅速こそ
勝利である

源義経／武将

年齢というのは
自分自身が
つくってしまっている概念に
当てはめられている
部分がある。

山本博／アーチェリー選手

僕の義務は
猛烈に
楽しむことだ

オスカー・ワイルド／アイルランドの詩人・作家・劇作家

間違えたって
いいじゃない、
機械じゃ
ないんだから

ゲオルギー＝ヘミング・イングリッド・フジコ／ドイツ生まれ日本・ヨーロッパ・アメリカ合衆国で活躍するピアニスト

言うべきときを知る者は
黙すべきときを知る

アルキメデス／古代ギリシャの数学者・物理学者

本当の自由は何も
持たないことなんじゃないかな。
1セントさえ
持てなかったときのほうが
もっと自由だった

マイク・タイソン／アメリカ合衆国のプロボクサー

よく時間が
解決してくれるというけれど
そうは思わない。
でも行動した時間なら
解決してくれるはずだ

松岡修造／テニス選手

1日休むと
2日損する

大松博文／バレボール指導者

想像力は知識を凌駕する

アルベルト・アインシュタイン／ドイツの理論物理学者

1時間の浪費を何とも思わない人は人生の価値をまだ発見してはいない

チャールズ・ダーウィン／イギリスの科学者

君の意思のルールが常に普遍的立法の原理になるように行為せよ

イマヌエル・カント／ドイツの哲学者

もし8時間、木を切る時間を与えられたら、そのうちの6時間を私は斧を研ぐのに使うだろう

エイブラハム・リンカーン／アメリカ合衆国第16代大統領

例えば「8時間木を切ってくれ」と言われたとしたら、どうするだろうか。できるだけ多くの成果をあげようとすぐにでも切り始める人が多いかもしれない。だがリンカーンは「6時間は斧を研ぐことに使う」と言った。彼のこの言葉は、何かをなす時は、いかに準備にかける時間が大切かを教えてくれる。

大人はついつい頭でじっくり考えがちです。でもそんなことより予期せぬ出来事の方が重要な場合がたくさんあります

エリック・カール／アメリカ合衆国の絵本作家

『はらぺこあおむし』などの絵本を残したエリック・カール。頭で考えるより、予想していなかった出来事の中に大切なことが含まれていると言っている。

我思う ゆえにわれあり

ルネ・デカルト／フランスの哲学者

学問改革を実行し、近代哲学の祖と呼ばれるデカルトが、著書『方法序説』で残している言葉。この世の中で絶対的に確かなものは、「全てを疑い、考えている自分の考え」だと残した。だからこそ、自分の頭で考えることが大切なのだ。

大切なのは
ここまでの過程を
この先の人生に
どうつなぐかだ

エリック・ハイデン／
アメリカ合衆国のスピードスケート選手

それこそ朝の9時から
夜の10時まで没頭できる、
あなた自身が心から
愛する何かによってのみ、
才能というものは
芽生えるものだ。

ジョージ・ルーカス／
アメリカ合衆国の映画監督

一般的に
人が生まれつき
持っているものは
本当に少ない。
人は自分自身で
創造するものだ

アレクサンダー・グラハム・ベル／
アメリカ合衆国の発明家・工学者

故不登高山不知天之高也

（故に高山に登らざれば、天の高きを知らざるなり）

荀子／中国の思想家・儒学者

中国春秋戦国時代の荀子の言葉。高い山に登らなければ、天の高さはわからないままだが、高い山に登ると、つま先立ちするより遠くまで見渡せる。昔の人の教えも学んでみることで初めてその偉大さに気づき、その教えの上に立つと物事がより深くわかるようになる、という意味。

生まれ変われるとしたら
同じ人生を
もう一度繰り返したい。
そう思うのは過去を悔やまず、
未来を恐れないからだろう

ミシェル・ド・モンテーニュ／フランスの哲学者

この言葉は107の随筆を集めた『エセー』の中に収録され、「もう一度同じ人生を生きたいと思うくらい、日々を精一杯生きることが大切だ」と訴えている。不意に過去や未来にとらわれてしまうことはあるかもしれないが、人生の1日1日を大切に生きることこそ、我々がなすべきことである。

歴史は逃げ口上だ

ヘンリー・フォード／アメリカ合衆国の起業家・フォードモーター創設者

適材適所は経営戦略に勝る

ジャック・ウェルチ／アメリカ合衆国の実業家

女性にとって考古学者は最高の夫となり得るわ。年を経るほどに、妻に興味を持ってくれるもの

アガサ・クリスティ／イギリスの推理作家

希望は、目覚めている者が見る夢であり、絶望は、眠れる政治家を待つ現実なり

アリストテレス／古代ギリシャの哲学者

政治学や文学、数学、天文学、生物学などあらゆる学問の知識を体系的に整理することで、今日の学問の基礎を築き「万学の祖」として知られているアリストテレス。この言葉は、アリストテレスの散らばった著作を集めた断片集から見つかったものである。

学問の大禁忌は作輟《さくてつ》なり

吉田松陰／教育者・武士

吉田松陰が26歳のとき、牢屋で始めた「孟子」の講義録「講孟余話（孟子に関する注釈や見解をまとめたもの）」の中に出てくる言葉。「作輟」は、やったりやらなかったりという意味。つまり、物事をやったりやらなかったりするのではなく、継続は力なりということわざがあるように、毎日コツコツと続けることが大切だという教えである。

人間というものは、自分を守ってくれない者や、誤りを正す力もない者に対して忠誠であることはできない

ニッコロ・マキァヴェリ／イタリアの政治思想家

人生には解決法なんかないんだ。あるのは、前に進む力だけだ。解決法は、後からついてくるものさ

アントワーヌ・ド・サン＝テグジュペリ／フランスの作家

集中し、ひたすら努力することだ。私は常に、頭にある問題を考え続けている。はじめはゆっくりと夜が明けるような具合に、答えが少しずつ見えはじめ、やがて明らかな光になるのだ

アイザック・ニュートン／イギリスの哲学者・物理学者

未来の世界はファンタジーからしか生まれ育たない。我々が創造するものの中でこそ、我々は自由なのだ

ミヒャエル・エンデ／ドイツの児童文学作家

Pick up

未来を作るのは自分の想像力だ

これからの未来に存在するものは、最初は誰かの想像からでしかない。その「想像すること」は、すべての人がみんな持っている才能であり、自由なものである。想像から生み出す児童文学の作家、ミヒャエル・エンデだからこそ、今や過去にとらわれず、未来を想像してみようと説いたのだ。

もっとも大きな危険は勝利の瞬間にある

ナポレオン・ボナパルト／フランスの軍人・皇帝・命家

途方もない夢でも実現へと前進することは意外とたやすい

ラリー・ペイジ／アメリカ合衆国のGoogle共同創業者

学問は日々積み重ねられなければならない。一朝一夕で成るものではないことを肝に銘じるべし

佐久間象山／松代藩士・兵法者

激動の幕末で活躍した象山は勤勉家だったことで知られており、朱子がまとめた儒学『朱子学』や西洋の戦略や戦術を研究する学問『西洋兵学』を学んだ。そんな勉強熱心な彼の経験や思想が名言に表れている。つまり、儒教も兵法も簡単に習得できるものではないから、毎日の積み重ねを大切にし、人生は一生勉強であることを訴えているのである。

難問は分割せよ

ルネ・デカルト／フランスの哲学者

Pick up

大きな問題ほどバラバラにして考える

デカルトは少年の頃から質問ばかりしていた人物で、その性格ゆえに父から「私の小さな哲学者」と呼ばれていた。著作は『方法序説』や『情念論』など数多くあり、ヨーロッパ近代の新しい思考法を生み出した。『方法序説』の中に収録された彼の名言「難問は分解せよ」は、どんなに難しそうな問題であっても、バラバラにして考えれば解決策が見つかるという意味だ。例えば高い目標を立てたときや全然答えがでない問題に直面したとき、すぐに諦めるのではなく、解答にたどり着くまでの問題を一つずつ洗い出す分析が重要。これこそが正しい頭の使い方だ、とデカルトは主張したのである。

何かを学ぶためには自分で体験する以上にいい方法はありません

アルベルト・アインシュタイン／ドイツの理論物理学者

本や机の上で学ぶことより実際に体験するほうがいいという意味。アインシュタインは20世紀最も優れた物理学者と呼ばれる人物である。12歳の若さで幾何学・微分学・積分学を学び、「光量子仮説に基づく光電効果の理論的解明」という論文でノーベル物理学賞を受賞した。

人間が偉大になればなるほど、罵倒の矢に当たりやすくなる。凡人には罵倒の矢さえなかなか当たらない

クリスティアン・ヨハン・ハインリヒ・ハイネ／ドイツの作家・詩人

学校は人に物を教うる所にあらず、ただその天使の発達を妨げずしてよくこれを発育するための具なり

福沢諭吉／著述家・教育者

学べども なお学べども 学べども 学び足りぬは 学びなりけり

新渡戸稲造／教育者・思想家

学問をするのに、
簡単な道などない。
ただ学問の険しい山を登る
苦労をいとわない者だけが
輝かしい絶頂を極める
希望をもつのだ

カール・マルクス／ドイツの思想家・経済学者

幸運は、汗の配当だよ。
汗を流すほど幸運は微笑んでくれる

レイモンド・アルバート・クロック／アメリカ合衆国の実業家・
マクドナルドコーポレーションの創業者

混乱が一番、偶然は創造性を生み、秩序は退屈だ

サルバドー・ドメネク・ファリプ・ジャシン・ダリ・イ・ドメネク／スペインの画家

若いうちは無駄が栄養ですね

野茂英雄／メジャーリーガー・プロ野球選手

人は世界一のごみ収集人になれる。世界一のモデルにだってなれる。たとえ何をやろうと、それが世界一なら何も問題はない

モハメド・アリ／アメリカ合衆国のプロボクサー

人の話をよく聞き、口数を少なくするために、人間には耳がふたつ、口がひとつついている

ゼノン／古代ギリシャの哲学者

人の望むものはただ久しく望んでいれば達成できる

ピエール・ド・クーベルタン／フランスの近代オリンピック創始者

すべてによい点だけを見つけなさい。そうすれば、あなたは美しい資質を吸収するでしょう

パラマハンサ・ヨガナンダ／インドのヨーガ指導者

最初はただ物真似でも、何度も繰り返すうちに自分の形になっていくものです

吉田秀彦／柔道家

わたしは勤勉であるよう余儀なくされた。誰であれ同じように勤勉な者は同様に成功するだろう

ヨハン・ゼバスティアン・バッハ／／ドイツの音楽家

弱点は強みに変えられる

アルフレッド・アドラー／オーストリアの精神科医・心理学者

『個人心理学講義』という本の中で、フライタークという詩人の話を伝えている。フライタークは視力が弱いために、ほかの人間が想像できないようなものを見ることができて、多くの名作を生み出せた。つまり、弱点であると思っても、見方を変えることができれば、強みに変えられるということを示したのだ。

天才とは、
1％のひらめきと
99％の努力で
つくられる

トーマス・エジソン／アメリカ合衆国の発明家

ワインの甘さは
個々に異なる
よさをもっている。
人も然り

マルコ・ポーロ／ヴェネツィア共和国の冒険家

偉大な発見は、いきなり
完全な姿で科学者の頭
脳から現れるわけでは
ない。膨大な研究の積み
重ねから生まれる果実
なのだ

マリ・キュリー／ポーランドの物理学者・化学者

下足番を命じられたら、
日本一の下足番になってみろ。
そうしたら誰も君を下足番にはしておかぬ

小林一三／実業家

この言葉は私鉄を開業し、優れた経営手腕で知られ「アイディアの天才」と呼ばれた一三の言葉。元はさえない銀行員からスタートし、事業を立ち上げてからもなかなか軌道に乗らなかった彼が、一切諦めることなく、置かれた境遇でベストを尽くして道を切り開いてきたことから「与えられた役割を全力で応えれば、もっと大きな目標に近づける」というメッセージが込められている。

先を見通して点をつなぐことはできない。振り返ってつなぐことしかできない。だから将来何らかの形で点がつながると信じなければならない

スティーブ・ジョブズ／アメリカ合衆国の実業家・アップル創業者

ジョブズは、もともとコンピューターとは全く違う文字芸術の分野を学んでいたが、その時に文字間のスペースによっていかに文章が映えるかを知った。また禅と瞑想にハマった時には、パソコンの冷却中のファンが集中の妨げになるということから、「静かなパソコン」の開発に邁進した。この言葉にはジョブズ自身の体験から、夢中になれば、どのような経験であっても、あとでつながって一つの形に通じるという意味がある。

一瞬のやる気なら誰でも持てる。けれども、持続性のあるやる気は、深く認識したものだけに宿るのである

野村克也／プロ野球選手・監督

何事も成功するまでは不可能に見える

ネルソン・マンデラ／南アフリカ共和国の大統領・政治家

あなたの商品に、最大の不満を抱いている顧客にこそ、あなたにとって最高の学習源なのだ。

ビル・ゲイツ／アメリカ合衆国の実業家

安易に近道を選ばず、
一歩一歩、一日一日を
懸命、真剣、地道に積み重ねていく。
夢を現実に変え、
思いを成就させるのは、
そういう非凡なる凡人なのです

稲盛和夫／起業家

Pick up

夢を実現できるのは非凡なる凡人

二つの世界的大企業・京セラとKDDIを創業、JALの再生に貢献した「経営のカリスマ」の著書『生き方』の中で残した言葉。その成功の礎となった「人生哲学」に基づき、地道に積み重ねていける人こそが、夢を現実に変えていけるのだと説いている。

超人たれ

フリードリヒ・ニーチェ／ドイツの哲学者

Pick up

今の自分を超えていけと伝えた

哲学者という枠にとどまらず、『ツァラトゥストラはかく語りき』『音楽の精神からの悲劇の誕生』など文学作品も高く評価されている。『ツァラトゥストラはかく語りき』は、主人公のツァラトゥストラが10年間も山にこもって考えた思想を、人々に説く形で書かれている。個人が自分の意思を持ち、自由に生きていいのだとして、「今の自分を超えていけ」というメッセージが込められている。

またニーチェが生きていたのは、キリスト教が大衆に信じられていた時代。神は絶対的な存在であり、「たとえ今は苦しくても絶対的な神を信じていれば、いづれ天国に行くことができて救われる」と人々は考えていたのだ。しかし、イギリスに産業革命がはじまると、神を絶対だと信じる受動的で道徳的な人々よりも、自分で考え、行動を起こした人々が豊かになっていく。

ニーチェはそれまで絶対的に信じられてきた神を「神は死んだ」という言葉でキリスト教の考え否定。天国ではなくこの世が全てであり、この世で自分の意思で強く生きる人、神に頼らず積極的に現実を生きている人間のことを「超人」と呼んだのである。

column
01

新しい発想を持つと周りの世界も違って見えてくる

入学や入社あるいは留学や転勤などは生活環境が変わる節目だ。これまで慣れ親しんだのとは違う環境に不安を感じる向きもある。たとえば、大学に入るとこれまでの制服生活から自分の好きな服装が許される。勉強もお仕着せではなく、好きな授業を選択することができる。しかし却って、自分で決めるのが難しくどうすればいいのか困惑する人もいる。まして親元を遠く離れての下宿生活となると不安は大きい。

でもそれは、これまでの生活環境に安住して変化を拒んでいる証拠ではないだろうか。今こそ自分を変えるチャンスだと発想を切り替えてみよう。第1章には、アルフレッド・アドラーの「物事の見方は、自分が「変えたい」と思えば変えられえる」など、現状を打破し超えていこうと思い立った時に背中を押してくれる言葉が満載だ。

あなた自身がそうでなくても、自分を変えられずに困っている人へのアドバイスにも活用してほしい。

和田孫博

2章

「決意」で未来を変える章

～今より一歩前に踏み出すためには

こうなりたいと思う自分に、いま、なるのだ

ラルフ・ワルド・エマーソン／アメリカ合衆国の思想家・哲学者

エマソンの著書『自己信頼』の中に残された言葉。こうなりたいと素直に振る舞うことは、人に気を使っているよりも、自分らしく生きることができる。だからどんな時も人目など気にせず、自分のことを決断することが大切だと述べた。

残りの人生を、
砂糖水を売って終えるか、
世界を変えるチャンスを掴むか、
君はどちらを選ぶんだ？

スティーブ・ジョブズ／アメリカ合衆国の実業家・アップル創業者

万事は
志をたてる
ところから始まる

吉田松陰／教育者・武士

道をひらくためには、まず歩まねばならぬ。
心を定め、懸命に歩まねばならぬ

松下幸之助／実業家・パナソニック創業者

現在のパナソニック創業者、松下は「他人の道に心をうばわれ、思案にくれて立ちすくんでいても、道は少しもひらけない」として、この言葉を続けた。経営の神様と呼ばれた松下も、最初は何度も挫折と失敗を経験したが、決して諦めず、成功するまで行動し続けたといわれる。

I have a dream

キング牧師（マーティン・ルーサー・キング・ジュニア）／アメリカ合衆国の牧師

夢見ることができれば、それは実現できるのです

ウォルト・ディズニー／アメリカ合衆国のアニメーター

貧しい幼少期のウォルトにとってささやかな楽しみだったのは、農場で動物たちと遊ぶことだった。のちに、ウォルトの作品にたくさんの動物が出てくるのはそのためである。大きな夢を叶えたウォルトはどんな夢でも想像してみることができたなら、きっと実現できると考えていた。

夢は逃げない。逃げるのはいつも自分だ

高橋歩／実業家

大きな山に登ってみると、ひとはただ登るべきたくさんの山があることを見出す

ネルソン・マンデラ／南アフリカ共和国の大統領・政治家

Pick up

命をかけて人種差別に立ち向かった

ネルソン・マンデラは、南アフリカ共和国の人種隔離政策「アパルトヘイト」の反対運動（黒人解放運動）に取り組んだことで知られる人物。反対運動中に逮捕され、国家反逆罪で終身刑の判決を受けた。27年間もの獄中生活を送るが、その間に大学の通信制過程で法学士の勉強を行った。1991年に釈放された翌年には、アフリカ民族会議議長に就任した。南アフリカ共和国の第8代大統領になると、1993年にはノーベル平和賞を受賞した。この言葉は、そんなマンデラが人生を登山になぞらえて語ったとされている。ひとつの目標を成し遂げて、目指していた山の頂にたどり着いても、たどり着いたことで見える景色が変化し、また目指すものができる。人生は終わりなき登山であると言った。マンデラは人種差別をなくし、平和な社会をつくることにその生涯のほとんどを捧げ、決して諦めることはなかったという。

失敗は
たいしたことではない。
だが自分を
笑い者にするには
勇気がいる

チャールズ・チャップリン／イギリスの映画俳優・映画監督

自分自身に対しては、
誠実に自らの描いた
夢に向かって精一杯
生きていくことだ

アイルトン・セナ／ブラジルのF1レーサー

勇気とは、
窮《きゅう》しても品位を
失わないことだ

アーネスト・ヘミングウェイ／アメリカ合衆国の小説家・詩人

ヘミングウェイが雑誌のインタビューで「勇気とは何か?」と聞かれて答えた言葉。「困った時ほど人間の真価が問われる。だからそういう時は、慌てずに堂々としていたいものだ」という意味。戦地に取材に行き、弾を受けて負傷しながらも、仲間を背負って生還したヘミングウェイの、勇気に対する熱い思いが込められている。

心に恐れを抱いていては、何とささやかな行いしか出来ないことでしょう

フローレンス・ナイチンゲール／イギリスの看護師

夢とは幻ではなく、可能性のことだ。人間には、何歳になってもいろいろな可能性が残されているのだと思う。その可能性を信じるべきだ

三浦雄一郎／スキー選手・登山家・獣医

目が見えないからといって、思い描くことができないわけじゃない

スティーヴィー・ワンダー／アメリカ合衆国のミュージシャン

失敗は別に恐れるべきものではない。より賢く再挑戦するための良い機会である

ヘンリー・フォード／アメリカ合衆国の起業家・フォードモーター創設者

農家に生まれたフォードは、16歳で学校を中退。電気会社で技師として働きながら、勤務後は、自宅の納屋でエンジンの試作を重ねていた。その甲斐あって、１９０３年フォード・モーター社を設立。フォードは全世界で初めて大衆向けに作られた自動車「T型フォード」を発売し、大ヒットした。フォードにとって失敗とは再挑戦するチャンスに他ならないという。

環境より学ぶ意思があればいい

女性も男性と同じように力を発揮できる社会にしたい。日本の女性の地位が、男性よりも低かった明治時代に活動した津田梅子の言葉。自身の環境にかかわらず、学ぶ意思が大切だと語っている。

津田梅子／教育者

私にはしなければならない仕事がある。死を恐れてなどいられない

キング牧師（マーティン・ルーサー・キング・ジュニア）／アメリカ合衆国の牧師

愚かな人は勉強を軽蔑し、単純な人は勉強を無条件でほめたたえ、賢い人は勉強を利用する

フランシス・ベーコン／イギリスの哲学者

つまらないように見える仕事でも粘り強く続ける継続力こそ、仕事を成功に導き、人生を価値あるものにする、真の能力である

稲盛和夫／起業家

勇気を出さないとチャンスを逃す。

小心は人々を不決断にし、その結果、行為の機会と最大の好機を失わせる

トマス・ホッブズ／イギリスの哲学者

Pick up

勇気を出して一歩踏み出す

トマス・ホッブズは、『市民論』や『リヴァイアサン』などの著作で知られるイギリスの哲学者である。ホッブズの生きた当時のイギリスは、宗教戦争の真っ只中でピューリタン革命が起こっていた。ピューリタン革命では、それまでの絶対王政に対して、議会派が勝利し、イギリスは世界に先駆けて市民革命を達成したのだった。そんな内乱の時代に生きたホッブズが求めたのは、平和だ。近代哲学者として初めて戦争について深く考え、ひとつの答えを導き出した彼は、戦争の根本原因は「不安」であり、政治的社会の成立していない状態では、人々は自分の利益を追求するため、互いに自由を奪い合う「万人の万人に対する戦い」が起こるのだと主張した。「失敗を恐れると、思い切りが悪くなる。その結果、一歩踏み出すことができなくなり、チャンスを逃してしまう」というこの言葉には、大きな力によって二分化された当時のヨーロッパ社会で、争いの本質は何かをじっくりと考察したホッブズの新時代に対する考えが詰まっている。

できると思えばできる。できないと思えばできない。これは絶対的な法則である

パブロ・ピカソ／フランスの画家

パブロ・ピカソは20世紀が誇る天才画家である。代表作の一つの「アビニョンの娘たち」は現代美術の出発点とも言われ、これらピカソの作品は後世の絵画の表現方法に大きな影響を与えた。そんな天才ピカソが限界について語ったのが、この言葉である。自分自身の限界を自分で決めてしまっては、超えられる壁も超えられない。できると信じて突き進むことが絶対だと言った。

Boys, be ambitious

ウィリアム・スミス・クラーク／アメリカ合衆国の教育者

クラーク博士がアメリカに帰国する際、見送った学生たちに向かって投げかけた言葉。周りの人に笑われてしまうくらいに大きな夢を持ち、ずっと志を抱き続けていれば、初めは思いもしなかったようなことを成せるという期待と希望が込められている。

限界などない、停滞期があるだけだ。そこに留まってはいけない

ブルース・リー（李小龍）／中国の武道家・俳優

Just Do It.

フィリップ・ナイト／アメリカ合衆国の実業家

僕はありのままの自分を貫くしかないと覚悟を決めている

岡本太郎／芸術家

わからぬ将来のことを心配しているより、まず目前のことをする

戦国時代の末期に登場し、幼少期に天然痘を患ったことで右目を失明。「独眼竜政宗」と呼ばれた人物。政宗は遠い将来のことを心配するよりも、目の前のことの方が大切だと考えたといわれる。

伊達政宗／戦国大名

おもしろおかしく

（何気ない日常も自分の力で「おもしろおかしい」ものにするという意味）

堀場雅夫／実業家

私は決断する前には、長く思案する。しかし、いったん決断したあとで二度と後戻りをする必要はない。思案に思案を重ねたうえで得た決断であるからだ

小早川隆景／戦国大名

おれは「困った」の一言は吐かない

高杉晋作／長州藩士

脱皮できない蛇は破滅する

フリードリヒ・ニーチェ／ドイツの哲学者

Pick up

前向きに変わっていかなければならない

ニーチェはキリスト教やそれに基づくヨーロッパ文明を批判したことで知られる。この伝統的な価値観を否定する「ニヒリズム」の精神は後の哲学や芸術に大きな影響を及ぼした。そんなニーチェだが、激しい恋に落ちたことがある。相手はロシア生まれの作家、ザロメ。自身の後継者だと考え、二度のプロポーズをするも失恋した。そんな失恋からほどなくして出されたのが、代表作『ツァストラはかく語りき』だった。脱皮できない蛇……というこの言葉は著書『曙光《しょこう》』に出てくる。脱皮できない蛇が死んでしまうように、人間もまた変わっていくことができなければ死んでしまうと語った。

できることも、できぬと思えばできぬ。できぬと見えても、できると信じるがためにできることがある

三宅雪嶺／哲学者

加賀藩家老の医師の子として生まれ、雑誌『日本人』を創刊。欧化主義と藩閥政治を批判し、国粋主義（日本主義）を打ち出した。そんな三宅雪嶺が残した言葉。弱気の虫は、実は誰の心にもあり、気持ち次第でできないものができるようになることもある。

志を立てるのに
遅すぎるということなし

スタンリー・ボールドウィン／イギリスの首相

いつの日か
我々の子孫は、
貧困がどういうものかを
博物館のみで
知ることになるだろう

ムハマド・ユヌス／バングラデシュの経済学者

自由の基本は、
女性の自由にある。
自由人は、
奴隷の母親からは
生まれない

マーガレット・サンガー／アメリカ合衆国の活動家

あなたが何者であるかを放棄し
信念を持たずに生きることは
死ぬことよりも悲しい。
若くして死ぬことよりも

ジャンヌ・ダルク／フランスの軍人

イングランドとフランスの百年戦争のただなかに生まれたジャンヌ・ダルクの言葉。生まれた村のドンレミがイングランド軍に襲われ悲しみにくれた際、神からのお告げを聞きフランスのために戦ったジャンヌダルクが、どれだけ強い意志をもっていたかが見てとれる。

世界をよくすることを始めるのに、誰も一瞬ですら待つ必要なんてないんです

アンネ・フランク／ドイツ『アンネの日記』の著者

アンネが、書きためていた日記から見つかった言葉。自分のちょっとした行動でも、ほかの人を幸せにすることができる。良いことはためらわず、すぐ始めた方が良いという温かい心が籠もっている。

革命の種をまいた者は海を耕すようなもの

シモン・ボリバル／大コロンビア大統領・政治家・革命家

ラテンアメリカ独立運動を主導したシモン・ボリバルの末期の言葉。革命を率いる者は、海を耕すような覚悟をしなければならない。そんな後世への戒めが込められている。アメリカ大陸でも有数の大富豪であったボリバル家も、私財のほぼ全てを解放戦争に投じたため、シモンの死後は何も残らなかったといわれる。

ハッピーエンドを望むなら、それはいつ物語を終わらせるかにかかっている

オーソン・ウェルズ／アメリカ合衆国の映画監督・俳優

今日できることに全力を尽くせ。そうすれば明日一歩前進しているでしょう

アイザック・ニュートン／イギリスの哲学者・物理学者

心の底からやりたいと思わないなら、やめておけ

アーネスト・ヘミングウェイ／アメリカ合衆国の小説家・詩人

人生に必要な知恵はすべて幼稚園の砂場で学んだ

ロバート・フルガム／アメリカ合衆国の作家

「何でもみんなで分け合うこと」「ずるをしないこと」「使ったものはかならずもとのところに戻すこと」「誰かを傷つけたら、ごめんなさい、と言うこと」これらすべてを大人が正しく実行できれば、争い事も揉め事もない平和な世の中が実現できるはず。小学校の卒業式で語られたという教訓には、特別に新しいことは何一つなかった。すべて幼稚園で習ったことであり、私たちの誰もが何をすべきかはすでに知っているはず。「毎日、少し勉強し、少し考え、少し絵を描き、歌い、踊り、遊び、そして、少し働くこと。」子どもたちにできるのだから、大人にできないはずがない。

一日一日を、たっぷりと
生きていくより他はない。
明日のことを思い煩うな

太宰治／小説家

なにを読もうと
なにを聞かされようと、
自分自身の理性でもって
同意したこと以外には、
何も信じるな

釈迦（ガウタマ・シッダールタ）／インドの仏教の開祖

為せば成る
為さねば成らぬ何事も
ならぬは人のなさぬなりけり

上杉鷹山／大名

「大倹約令」を出して生活費の切り詰めに勤め、深刻な状況に陥っていた米沢藩の立て直しに尽力した人物。領主である自らも一汁一菜にするなどした。そんな実行力のある鷹山が「やらないのは、できないと同じである」と語った言葉。

決断とは目的を見失わない決心の維持にほかならない

ドワイト・デイヴィッド・アイゼンハワー／アメリカ合衆国の第34代大統領・軍人

何事であれ、最終的には自分で考える覚悟がないと、情報の山に埋もれるだけである

羽生善治／棋士

ぼくは自分のやりたいことはどんどんやって楽しむ。楽しんだことは後で後悔しない

永井荷風／小説家

自分が何がしたいかは、自分で決める。自分の思っていることを、はっきりと言う。それが自由だと思った。それが欲しかった

ナディア・コマネチ／ルーマニアの体操選手

探すのではない、見つけるのだ

パブロ・ピカソ／フランスの画家

Government of the people, by the people, for the people, shall not perish from the earth.

エイブラハム・リンカーン／アメリカ合衆国の第16代大統領

夢というのは、人が物差しで計れるものじゃないんだ。1センチでも5ミリでもはみ出したものがはみ出てきて初めて夢になる

アントニオ猪木（猪木寛至）／プロレスラー

私にとって、金メダルは単なる結果に過ぎない。一番大切なのは子どもとの生活であって、そのためにカヌーがある

ビルギット・フィッシャー／ドイツのカヌー選手

天がわたしを生んでくれた以上必ずなんらかの役に立つことがある。千金散じ尽くしてもまた戻ってくる

李白／中国の詩人

吉凶は人によりて日によらず

吉田兼好／歌人・随筆家

運は努力している人間にしか来ない

白鵬／モンゴル出身の力士

次生まれ変わったらこうしたい、とかいう人がおるけど、次はないよ

辰吉丈一郎／ボクシング選手

社交においては、われわれの優れた特性によってよりも、欠点によって気に入られることが、かえって多い

ラ・ロシュフコー／フランスの著述家

我々の務めは成功することではない。失敗を恐れることなく、常に前進することである

ロバート・ルイス・スティーヴンソン／イギリスの作家

自由が欲しかった。
好きな時に
好きなところで
テニスをやる自由が

マルチナ・ナブラチロワ／チェコ共和国のテニス選手

もともと生きるとは
妥協することである

江戸川乱歩／小説家

適所に打たれた
当たり損じの球は、
不適所に打たれた
どんな見事な球よりも
効果がある。

ビル・チンデン／アメリカのテニス選手

おまえだって武器を
もっているではないか

フランツ・カフカ／チェコ共和国の作家

私は困難なことを
問題とは呼びません。
むしろチャンスと呼びます

マザー・テレサ／北マケドニア共和国・インドの修道女

マザー・テレサは、自身が受賞したノーベル平和賞の賞金19万2000ドルを、全てカルカッタの貧しい人のために使い「私のための晩餐会は不要です。その費用はどうか、貧しい人々のためにお使いください」と言った人物だ。彼女は常に、困難が立ちはだかる時こそがチャンスだと考え行動していた。

変化こそ
唯一の
永遠である

岡倉天心／思想家

成功する人間と
そうじゃない人間の
違いは、体力の差でも、
知識の差でもない。
意志の差だ。

古賀稔彦／柔道家・医学者

賢者の信は、
内は賢にして
外は愚なり

親鸞／仏教家

感覚はあざむかない。判断があざむくのだ

ヨハン・ヴォルフガング・フォン・ゲーテ／
ドイツの詩人・劇作家

Pick up

一度、最初の気持ちに立ち返ってみる

ゲーテは、小説や戯曲、自伝など数多くの著作を残した文豪である。初期に書いた『若きウェルテルの悩み』で一躍有名になり、その後はイタリア旅行や詩人シラーとの交流などを通してドイツ古典主義文学を確立した。また自然科学の領域でも業績を残したことで知られている。そんなゲーテのこの言葉は、「考えすぎていないか」ということである。自身を欺くとすれば、それはおそらく本能的な感覚ではない。むしろ、頭で考えて導き出された判断が間違うことのほうが多い。この言葉を聞くと、もう一度、最初の感覚に立ち返り、冷静になって考えることができる。ちなみに、ゲーテが日本に知られたのは明治時代に、森鷗外が「ファウスト」を翻訳したことからといわれる。

最終的に自分の思い通りになるなら、私はいくらでも忍耐強くなれる

マーガレット・サッチャー／イギリス初の女性首相・政治家

マーガレット・サッチャーは、イギリス初の女性首相である。この言葉は、ある種強引な政治手法から「鉄の女」と呼ばれたサッチャーが残したとされる。彼女は意志が固いため、さまざまな人物と対立を生んでいた。しかし対立を生んだ時には丁寧に粘り強く相手を説得し、自身の理想を追求したといわれる。

世界を変えるための
魔法は要りません。
私たちはすでに必要とする力を、
私たちの中に秘めています。
それは、世界をより良くしたいと
想像する力に他なりません

J・K・ローリング／イギリスの小説家

最善を尽くそう。
そのあとは古笠をかざして、
非難の雨が首筋から
背中へ流れ落ちるのを
防げば良い

デール・カーネギー／アメリカ合衆国の作家

今一度日本を洗濯いたし候

坂本龍馬／志士

すでに鎖国を取りやめ、外国との貿易も盛んであった江戸末期の日本では、幕府に対して大きな不満が募っていた。新しい世を目指す薩摩藩と長州藩はどちらも倒幕を掲げているにもかかわらず、敵対関係にあった。その二つの藩の仲を取り持ったのが、英雄、坂本龍馬である。もともと、生まれ育った土佐藩を脱藩していた龍馬は、行動を制限されることなく、薩長同盟を結ばせて、武士の時代に武力ではなく話し合いで幕府を終わらせることを主張。後の大政奉還につながった。この言葉は、脱藩の翌年に龍馬が姉に出した手紙の中の文章である。「日本を一度まっさらにする。」そんな思いが日本の新時代の幕開け、文明開化を可能にしたのだろう。

キライなことを
やれと言われて
やれる能力っていうのは、
後でかならず生きてきますよ

イチロー（鈴木一朗）／プロ野球選手・メジャーリーガー

夢は秘めておかないで
はっきりと
口にしたほうがいい

吉田沙保里／レスリング選手

成し遂げんとした
志をただ一回の
敗北によって
捨ててはいけない

ウィリアム・シェイクスピア／イギリスの小説家・劇作家

歴史が証明するところ
によると逃した機会は
二度と戻らない

オットー・フォン・ビスマルク／ドイツの政治家

芸術とは
調和である

ジョルジュ・スーラ／フランスの画家

夢みたい。
だがミラクルではない

ブルーノ・メツ／フランスのサッカー選手・サッカー指導者

諸君、明日はもっと
良いものをつくろう

アントニ・ガウディ／スペインの建築家

夢って言葉好きじゃないです。
色んなことは夢じゃなくて
目標ですから

松坂大輔／プロ野球選手

Don’t think. Feel!

（考えるな、感じろ）

ブルース・リー（李小龍）／中国の武道家・俳優

やはりもう一度
女に生まれて、
婦人運動を
しなければならないね

市川房枝／夫人活動家・政治家

私達が抱える問題は、
人間が作り出したものだ。
したがって、
人間が解決できる

ジョン・F（フィッツジェラルド）・ケネディ／アメリカ合衆国の第35代大統領・政治家

自分の人生を
無駄にせず、
どうか世界のために
役立てて下さい

津田梅子／教育者

青年は決して
安全株を
買ってはいけない

ジャン・コクトー／フランスの芸術家

これまで哲学者たちは世界を解釈していただけだ。重要なのはそれを変えることである

カール・マルクス／ドイツ・イギリスの思想家・経済学者

Pick up

知識は手段として用いるべし

マルクスは大学を卒業後、ジャーナリストとして活躍した人物。その後、労働と競争で成り立つ資本主義を分析し、人間の本質に迫った19世紀の最も革命的な思想家である。著作は『資本論第一巻』や『フォイエルバッハに関するテーゼ』など多数あり、この言葉は『フォイエルバッハに関するテーゼ』の中の一文に出てくる。当時の哲学者たちは物事を頭の中で考えてきただけだと批判したマルクスは、知識を実践で生かす大切さを説いた。つまり、学ぶことを目的とするのではなく、目的の達成や理想の実現への手段として知識を活用せよと主張しているのだ。当時のドイツは政府によって言論が厳しく統制されていたため、ドイツの政治を根本的に変革しようと述べたのである。

全ての人間は生まれつき、知ることを欲する

アリストテレス／古代ギリシャの哲学者

アリストテレスは、「痛い」という感覚などは動物にもあるけれど、「知りたい」という欲求は人間だけがもつものだと考えた。何かを知りたいと一番最初に感じた瞬間に立ち返ることができる貴重な言葉。

できないことを
引き受けるな。
約束を守ることには
細心であれ

ジョージ・ワシントン／アメリカ合衆国の初代大統領

理論と計算で
その徒労を
90％節約できると
わかっている

ニコラ・テスラ／アメリカ合衆国の電気技師・発明家

学べば学ぶほど、自分
が何も知らなかった事
に気づく。気づけば気
づくほどまた学びたく
なる

アルベルト・アインシュタイン／ドイツ・アメリカ合衆国の理論物理学者

知恵は知識にまさる

ブレーズ・パスカル／フランスの哲学者・物理学者

このパスカルの名言は、思いついたことを短い文章で書き溜めた著書『パンセ（思考）』の中に出てくる言葉。困った問題に直面したとき、専門書や教科書を丸暗記しただけの知識より、柔軟な発想やアイディアなどの知恵が解決のきっかけになるという意味だ。頭がやわらかくて、機転が利く方が役立つと伝えているのである。

万物は数から成り立っている

ピタゴラス／古代ギリシャの数学者・哲学者

ピタゴラスは「ピタゴラスの定理（直角三角形の2辺の長さが分かれば、残り1辺の長さも分かる定理）」を発見した人物。音楽や天文学にも造詣が深いが、生涯のことはあまり分かっておらず、著作も存在しない。彼が残した「万物は数から成り立っている」という言葉は、この世に存在するすべてのものは数で説明できるという意味である。この言葉が生まれたきっかけは、鍛冶屋の槌の音には響き合う組み合わせ（音楽的響和と数比の関係性）があると気付いたことだ。感覚的な分野の「音楽」と論理的な分野の「数学」を組み合わせて、画期的な発見をしたのである。

惻隠の心無ければ人にあらず、羞悪の心無ければ人にあらず、辞譲の心無ければ人にあらず、是非の心無ければ人にあらず。惻隠の心は仁の端なり、羞悪の心は義の端なり、辞譲の心は礼の端なり、是非の心は智の端なり

孟子／中国の儒学者・哲学者

全員が賛成したら、その計画は危ない

堤康次郎／西武グループ創業者・政治家

為すことによって学ぶ

ジョン・デューイ／アメリカ合衆国の哲学者

Pick up

経験は体験を反省して考えることである

アメリカの哲学者デューイは、ミネソタ大学とミシガン大学で哲学を教え、シカゴ大学で哲学科の主任教授を務めた人物。1919年には日本、中国、トルコ、メキシコ、ソ連などを訪問し、各国の教育思想に多大な影響を与えた。プラグマティズム（実用主義・道具主義）を代表する思想家でもあり、進歩的な民主主義者であった。『学校と社会』や『民主主義と教育』、『経験と自然』など多数の著書が残っている。彼の名言「為すことによって学ぶ」は、失敗など体験したことを振り返って結果を考えることで、経験を得ていくという意味だ。しかしよく勘違いされがちだが、体験することが経験という意味ではない。「体験をした上でその行為を反省して考える」という一連の流れのことを「経験」と呼んでいる。失敗を次に生かすことこそ、自分の経験値を上げる有効なやり方なのだ。デューイがそのような経験を大切にするのは、100年前のアメリカの時代背景が関係している。当時のアメリカは産業革命により強大な工業国へ発展している途中。しかし、その裏では労働者と資本家、黒人と白人など様々な対立が起きていた。デューイはこの問題を熱心に考え、学校教育こそが社会を変える手段だと主張し、経験による学習を重視する教育運動をスタートさせた。先生が一方的に講義する授業ではなく、子どもたち自身が興味を持って考え、問題を解決する経験ができるような教育方法を示したのである。

誰もが自分の限界を世界の限界だと思っている

アルトゥル・ショーペンハウアー／ドイツの哲学者

幼い頃ショーペンハウアーは、商人だった父と共にヨーロッパを旅行。ナポレオン戦争の影響による廃墟や失業者を目にし、哲学の根源ともなる「人生の悲惨さ」を体験した。後に、彼の哲学は文豪トルストイや映画俳優のチャールズ・チャップリンなど数多くの人物に影響を与えた。ショーペンハウアーの名言は『意志と表象としての世界』の中に出てくる言葉であり、この名言に込められた意味は「この世界には限界など存在せず、世の中の様々な現象は人間の意志から始まっている」ということだ。限界と決めずに可能性の視野を広げられるかどうかは、いつでも自分次第なのである。

視覚障害者と健常者の間には、超えられない一線があります。ただ、同じ“感覚”を共有しているのも確かです。わたし達は想像力と勇気を分かち合うことで、“感覚”を超越した“叡智”を手に入れることが出来るでしょう

ヘレン・アダムス・ケラー／アメリカ合衆国の教育家・社会福祉活動家

煩悩をなくすことで
苦を克服すれば、
心の安らぎが
手に入る

釈迦（ガウタマ・シッダールタ）／
インドの仏教の開祖

恥ずかしがらずに、
言いたいことを
いいなさい

藤田哲也／アメリカ合衆国の気象学者

新しい世界を
開拓し続けなければ、
ボクは死んでしまう

ウォルト・ディズニー／アメリカ合衆国のアニメーター

カラーアニメーションや長編アニメーションに、世界で最初に挑んだウォルト・ディズニー。この言葉は周囲からどんなに反対されても新境地を切り開き続けた彼らしい言葉だ。50歳を過ぎてもチャレンジ精神を失うことはなく、１９５５年には長年の夢であったディズニーランドを開園している。

天は人の上に人をつくらず
人の下に人をつくらずと云へり

福沢諭吉／著述家・教育者

明治時代の名著「学問のすゝめ」で福沢諭吉が冒頭に書いた言葉。福沢諭吉は決して「人間には、上も下もなく皆平等である」と言いたいわけではなく、その後に続けて、「人は生まれながらには平等のはずなのに、貧しくもなれば富豪にもなる。学問をしっかりとやり、知識をつけたものは出世し、無学のものは貧乏となり、下層に属するようになるのである」と学問の大切さを説いている。

健康の秘訣は、言いたいことがあったら
口に出して言うことです

瀬戸内寂聴／小説家・尼僧

自覚さえすればどんな生活にだって
深い意味ができる

永井荷風／小説家

平等とは、
自分と同様に
ほかの人々にも
同じチャンスと
権利を与えることだ

ウォルト・ホイットマン／アメリカ合衆国の詩人

応用をやるには、基礎をやれ

喜多源逸／化学者

Pick up

将来のこと見通す賢さ

日本を代表する化学者 喜多源逸は、兒玉信次郎、新宮春男ら京都学派と呼べる多数の化学者を輩出した。門下生の一人、福井謙一はアジア人初となるノーベル賞化学者となるが、そもそも福井を化学の道に導いたのが「数学が得意なら、化学をやれ」という喜多の一言だとするエピソードが知られる。経験がものをいう職人技の世界だと見なされていた20世紀初頭の化学を、数学と物理学の言葉で記述することが化学の発展に欠かせないと見抜いた先見の明から発された言葉。

私たちが
学習と呼ぶ行為は、
実は再認の過程に
ほかならない

プラトン／古代ギリシャの哲学者

Pick up

学習はすでに持っている知識を思い出すことである

ソクラテスから多大な影響を受けたプラトンは彼の弟子となり、数多くのソクラテスの言動を著書として残した。また、900年も続くアカデメイアという学園を創設し、その学園には一番弟子で「万学の祖」と称されるアリストテレスが在籍していた。『ソクラテスの弁明』や『国家』、『メノン』など多くの作品を残している。

その『メノン』の中に出てくるのが「私たちが学習と呼ぶ行為は、実は再認のほかならない」という名言だ。一般的に知らなかったことを習得するのが学習と呼ばれるが、プラトンの視点では「すでにある知識を思い出すことが学習」だということになる。人は生まれる前から知識を蓄えており、いったんは忘れるものの、何かのきっかけでその記憶を思い出すのだという考えである。

column 02

決意を貫くことで最後までやり抜くことが可能になる

小生は勤務先の高校の卒業式でGRITの話をする。

GRITとはアメリカの心理学者でペンシルヴァニア大学のダックワース教授が提唱した、人が身につけるべき4つの非認知能力G=guts（度胸）、R=resilience（回復力）、I＝initiative（自発性）、T=tenacity（執念）の頭文字で、全体では「やり抜く力」という訳がついている。生徒たちはみんな自分なりの夢を抱き、それを実現しようという決意を持って新たな世界に漕ぎ出していくのだが、その決意の強さがGRITを持続させる。

吉田松陰の「万事は志をたてるところから始まる」は至言であるが、もちろんその志を最後まで貫いたところに彼の偉大さがある。

市川房江は晩年「やはりもう一度女に生まれて、婦人運動をしなければならないね」と、来世でも志を貫こうという決意を表明している。

第2章ではこの他にも、決意を貫くことで世界を変えようとする強い言葉が見つかるはずだ。

和田孫博

3章

「寛容」で未来を変える章

～リーダーとして生きていくためには

自分の考えとちがう
意見が出たときに
腹を立ててはいけない。
ちがう意見が出た理由を、
理解しようとする気持ちを
もつことが重要なのだ

バートランド・ラッセル／イギリスの哲学者

『幸福論』などで知られるラッセルの言葉。自分の考えだけに固執していると世界がどんどん狭まる。自分と違う意見が出たら視野を広げる機会だと捉えて相手の言葉に耳を傾ける必要がある。ラッセルは『幸福論』の中でも、「自分以外のさまざまな外の世界に興味を持って、人生の楽しみを増やそう」と読者に訴えている。

あなたを傷つける
人に出会ったら、
忍耐や寛容を学ぶ
チャンスだと
思いなさい

ダライ・ラマ14世／
チベット仏教の高僧
（観音菩薩の化身とされる）

許すはよし。
忘れるは
なお良し

ロバート・ブラウニング／
イギリスの詩人

君主のもっとも
崇高な資質は
過ちを
許すことである

アクバル／北インドムガル帝国の君主

人間の最大の罪は
不機嫌である

ヨハン・ヴォルフガング・フォン・ゲーテ／
ドイツの詩人・劇作家

不機嫌な人がそばにいると周りも不機嫌になる。自分が不機嫌な時には物事もうまく進まなくなる。つまり、ゲーテは、人間の不機嫌はマイナスでしかなく、周りにいい影響を与えることがないと説いた。

己を責めても人を責めるな

徳川家康／戦国大名・将軍

一瞬だけ幸福になりたいのなら、復讐しなさい。
永遠に幸福になりたいのなら、許しなさい

アンリ・ラコルデール／フランスのジャーナリスト

至誠而不動者未之有也
（至誠にして動かざるものはいまだこれあらざるなり）

孟子／中国の儒学者・哲学者

『孟子』という書物に述べられている言葉。原文にある「至誠」とは、とても誠実な真心のこと。心を込めて相手に尽くせば、たとえどんな相手であろうと心を動かさない人はいないと述べた。

たとえ、憎しみに満ち溢れた世界であろうと、希望を持ち続け、
怒りに満ち溢れた世界であろうと、癒しあい、
絶望に満ち溢れた世界であろうと、夢を見続ける。
たとえ、不信に満ち溢れた世界であろうと、
僕たちは絶対に信じ合うことを諦めはしない

マイケル・ジャクソン／アメリカ合衆国のシンガーソングライター・ダンサー・エンターテイナー

弱いものほど相手を許すことができない。許すという気持ちは強さの証だ

マハトマ・ガンディー／インドの弁護士・宗教家・政治指導者

Pick up

すんなりと相手を許すことが解決の糸口に

ガンディーは暴力を使わない「非暴力主義」の提唱者で、「インド独立の父」と呼ばれる人物。イギリスの植民地として酷い扱いを受けていたインドで、その支配から独立を目指す運動を指導。「イギリス綿製品を買わず、インドの伝統的な製法で作った綿製品を着よう」と呼びかけた。このように、思想的には激しく抵抗しながらも、武力による闘争は一切否定。何度投獄されても諦めずに運動を続けた。この静かな抵抗運動は、じわじわとイギリスを追い詰めることになり、第二次世界大戦後には、イギリスがインドの独立を認めた。この言葉は『ガンジー自伝』などに記録されているもの。「喧嘩をしてもすんなりと相手を許せる人が本当に強い人だ」ということを表している。それは人類が争った歴史からも読み取れる答えである。

われわれを助けてくれるのは、友人の援助そのものというよりは、友人の援助があるという確信である

エピクロス／古代ギリシャの哲学者

エピクロスはプラトンの弟子の1人から哲学を学んだ人物。古代ギリシャのほかの哲学者たちとは異なり、政治には関与せず、「エピクロスの園」という庭園学校を開いてエピクロス学派（快楽主義）を創設した。『自然について』や『ヴァチカン写本』など、人々が彼の言葉として引用した断片の書が残っている。完全な形での現存がないため出典は不明だが、彼が残した言葉はエピクロス学派に影響し、「私たちは友人が助けてくれるという確信できる安心感に助けられている」という意味だ。自分だけでは乗り越えられない壁も、手を差し伸べてくれる友人がいるからこそ、次の一歩を踏み出す勇気が湧き立つのである。

愛することによってのみ、愛することを学べる

アイリス・マードック／アイルランド・イギリスの哲学者

固く握り締めた拳とは手をつなげない

マハトマ・ガンディー／インドの弁護士・宗教家・政治指導者

愛されるために、自分と違ったものになる必要はないのですよ。ありのままで愛されるためには、ただ心を開くだけでいいのです

マザー・テレサ／北マケドニア共和国・インドの修道女

ありがとうを多く言うと、ストレスが少なくなる

斎藤茂太／精神科医

日本精神病院協会名誉会長、斎藤病院名誉院長、アルコール健康医学協会会長、日本ペンクラブ理事、日本旅行作家協会会長など、さまざまな肩書きを持つことで知られる「心の名医」斎藤茂太の言葉。どんな小さなことでも、「ありがとう」と口に出して言うことで周りの空気が明るくなり、自然とストレスが少なくなるという。

体のサイズは関係ない。
ハートのサイズが大切なんだ

アレン・アイバーソン／アメリカ合衆国のバスケットボール選手

惚《ほ》れたら
惚《ほ》れぬけ

苑田聡彦／プロ野球スカウト

人に施したる利益を
記憶するなかれ、
人より受けたる
恩恵を忘るるなかれ

ジョージ・ゴードン・バイロン／イギリスの詩人

ほんとに愛して
本気で惚《ほ》れたら、
怖いことなんて
ないんだね、
人間には

淀川長治／映画評論家

親切はどんなに
ささやかなものでも
けして
ムダにはならない

アイソーポス（イソップ）／古代ギリシャの寓話作家・奴隷

愛嬌というのはね、
自分より
強いものをたおす
やわらかい武器だよ

夏目漱石／小説家

怒りは無謀を
もって始まり、
そして後悔を
もって終わる

ピタゴラス／古代ギリシャの数学者・哲学者

リーダーとは
”希望を配る人“の
ことだ

ナポレオン・ボナパルト／フランスの軍人・皇帝・革命家

嫉妬とは
ほどよく
焼くのが
いいのだよ

紫式部／作家・歌人

いいものをひとの足もとへ
そうっとおいて
しらん顔をしていたい

八木重吉／詩人

全く知らないものを愛することはできない。
しかし、少しでも知っているものを
愛するときには、その愛によって、
そのものをいっそう完全に知るようになる

アウレリウス・アウグスティヌス／ローマ帝国のキリスト教の神学者

影も形も、色や匂いもないもの、頭に浮かびさえしないものは愛するどころか認識もできないが、何らかの手がかりを知っていて、それに愛（好奇心や好意）を感じたら、そのものをもっと知りたくなるはず。好意を抱いた異性のことを「もっと知りたい」と思うように、神について関心を持てばもっと知りたくなり、信仰が深まるのだ。仕事や学問においても好きになればもっと詳しく知りたくなるはずだ。

誰かを深く愛せば、
強さが生まれる。
誰かに深く愛されれば、
勇気が生まれる

老子／中国の哲学者

空気と光と友人の愛。
これだけ残っていれば
なにかあっても
大丈夫だ

ヨハン・ヴォルフガング・フォン・ゲーテ／ドイツの詩人・劇作家

自分を愛するように
あなたの隣人を
愛せよ

イエス・キリスト／不詳（イスラエル）神の子

真の友人とは第二の自己のようなものである

マルクス・トゥッリウス・キケロ／古代ローマ共和国の政治家

Pick up

友人の幸福は自分を幸せにする

キケロは共和政ローマ末期に生きた人物。民主的で法律に基づいた政治体制「共和制」を目指したが、ローマの政治家、カエサル（シーザー）と対立。独裁権力を確立したカエサルに政界から追放されて、晩年は著作に専念したことで知られる。キケロの残した文章はその後のヨーロッパに多大な影響を与え、現在では当時のことを読み解く重要な手がかりとなっている。この言葉は、キケロが友情について書いたもの。友人が幸福になれば、温かい気持ちになれる。友人に辛いことが起こればまるで自分のことのように辛く悲しい。そのように感じるのならば、その友人はあなたにとって真の友人と言えるだろう。友人は第二の自分であり、人生の苦楽を分かち合える合わせ鏡のようなものである。また、キケロの著作はラテン語で大量に書かれているため、現在その文章はラテン語の見本とされている。

相助相譲
自他共栄

嘉納治五郎／柔道家・教育者

嘉納治五郎は、学生時代から柔術を学び、百をも超える柔術の流派を「柔道」として１つにまとめあげた人物。その功績から日本体育の父と呼ばれた。柔道は相手なくして成り立たない、だから相手は自分を高めてくれる大切な存在である。すなわち、「互いに助け譲り合い、ともに栄えることを目指すべき」と説いた。

いつかできることは全て今日もできる

ミシェル・ド・モンテーニュ／フランスの哲学者

他人と比較してものを考える習慣は、致命的な習慣である

バートランド・ラッセル／イギリスの哲学者

他人もまた同じ悲しみに悩んでいると思えば、心の傷は癒されなくても気は楽になる

ウィリアム・シェイクスピア／イギリスの小説家・劇作家

芸術には人を癒す力がある

リュイス・ドメネク・イ・モンタネール／スペインの建築家

ガウディの師であるドメネクは、1997年に世界遺産に登録されたサン・パウ病院の設計を手がけた人物である。ドメネクはこの病院を設計する際、世界のさまざまな病院を徹底的に調べ上げた。病院には何が必要なのか。どんな構造がいいのか。その時に考えたのが「芸術は患者を癒す力があるのではないか」ということだった。現在は使われていないが、2009年まで実際に病院として使われ、多くの患者を救った。

知らない人に初めて会って、その笑顔が気持ちよかったら、それはいい人間と思ってさしつかえない

フョードル・ミハイロヴィチ・ドストエフスキー／ロシアの小説家

みんなちがってみんないい

金子みすゞ／詩人

心がこもったものは相手に伝わるのです。時代に関係なく、仕事に心を込めることは変わりません

久保田五十一／バット職人

教養は「世界でいわれ、考えられた最上のことを知る」ことである

マシュー・アーノルド／イギリスの詩人・批評家

信頼の上に組織は輝く

祖母井秀隆／サッカークラブGM

To be social is to be forgiving

（人付き合いがうまいというのは、人を許せるということだ。）

ロバート・フロスト／アメリカ合衆国の物理学者・随筆家・詩人

人間は善良であればあるほど、他人のよさを認める。だが、愚かで意地悪であればあるほど、他人の欠点を探す

レフ・ニコラエヴィチ・トルストイ／ロシアの作家

楽しめるものは楽しみ、苦しまなければならないものは苦しんで生きて行きませう

宮澤 賢治／詩人・作家

人に対して感じるあらゆるいらだちや不快感は、自分自身を理解するのに役立つことがある

カール・グスタフ・ユング／スイスの精神科医・心理学者

誰もが評価されるべきです。誰でも与えるに値する何かを持っているのですから

ダイアナ・フランセス／イギリスのウェールズ公チャールズの元妃

知性が増すにつれて、人それぞれの個性をより多く見いだすようになる。凡人は人それぞれの違いがわからない

ブレーズ・パスカル／フランスの哲学者・物理学者

住居は丘の上に建てるべきではない。丘の一部とすべき。丘と住居を寄り合わせ、調和させることで、初めて双方が活きる

フランク・ロイド・ライト／アメリカ合衆国の建築家

人を熱烈に動かそうと思ったら、相手の言い分を熱心に聞かなければならない

デール・カーネギー／アメリカ合衆国の作家

我々が命がけで闘ってきたのは、肌の色による差別である

ジュリウス・カンバラゲ・ニエレレ／タンザニア大統領

徳は孤ならず。必ず隣あり

孔子／中国の思想家・哲学者

Pick up

思いやりの心や礼儀があれば、孤独にならない

紀元前550年頃、中国の魯《ろ》の貧しい家庭に生まれた孔子は、3歳で父を失い、家族を養うため、倉庫番や牧畜の飼育係をしながら勉強をしたとされる。晩年は弟子の教育に力を入れ、その教えは口頭で弟子たちが語り継いだ後、紀元前2世紀に『論語』として編纂された。他にも儒学の祖と呼ばれるなど、その後の中国の思想、政治に大きな影響を与えた。孔子の生きた当時、中国は度重なる内乱と権力抗争により、国の領土が200以上に分裂している状態であった。そんな中、孔子は、全国各地を巡りながら、「武力で人民を支配するのではなく、思いやりの心や礼儀、規範といった「徳」を身につけ、道徳で治めるべきだ」と説いた。この「徳は孤ならず。必ず隣あり」という言葉は、「徳を身につけている人は、孤独にならない。必ず良き理解者や協力者に恵まれる」という意味。孔子が熱心な教育者で、いつも思いやりをもって弟子に学問を教えたからこそ、彼の言葉がこうして後世に伝えられたのかもしれない。

世の中には譲って差し支えないことが多い

新渡戸稲造／教育者・思想家

東京帝国大学教授や国際連盟事務局長を務めたことで知られる新渡戸稲造の著書『自警録』の中で述べた言葉。若い読者に向けて生き方のコツが書かれたこの本には、本当に自分にとって大切なものは何かをしっかりと見つめ直し、それさえできていれば、他は譲って良いと書かれている。新渡戸稲造は著書『武士道』がルーズベルト大統領に読まれたことでも有名。

確かな友は
不確かな境遇の
下でわかる

マルクス・トゥッリウス・キケロ／古代ローマ共和国の政治家

物事に反対するだけでは勝てない

マーガレット・サッチャー／イギリス初の女性首相・政治家

1人の100歩より、
100人の1歩が大事。
チームワークである

前田勝之助／技術者・経営者

誰しもが代わりがきくようで
代わりがきかない

マルティン・ハイデッガー／ドイツの哲学者

『存在と時間』という名著で知られるハイデッガーの言葉。「自分の代わりなんてどこにだっている」そう考える人は多いかもしれない。しかしあなたという人間は、紛れもなく世界にたった一人、あなただけであり、他の誰もあなたにはなり得ない。物が存在するとはどういうことかを探求したハイデッカーらしい言葉だ。

悪人を悪人として憎まない

渋沢栄一／実業家・政治家

この言葉は、渋沢が大正5年（1916年）に出した本『論語と算盤』に出てくる。悪人だとしても必ず悪人として終わるわけではなく、善人だとしても必ず善人として終えるとは限らない。つまり悪人だからと言ってそれを理由に憎んではならないという意味である。渋沢の言葉は今もなお、経営者や起業家たちに読み継がれ支持されている。

もっとも難しいことは自分自身を知ること。もっとも簡単なことは他人に忠告すること

タレス／古代ギリシャの哲学者

その子を知らざればその友を見よ

荀子／中国の思想家・儒学者

一番大事なのは自分と友達になることです。そうでないと、世界中の誰とも友達になることはできません

アナ・エレノア・ルーズベルト／
アメリカ合衆国の第32代大統領フランクリン・ルーズベルトの妻・アメリカ国連代表・婦人運動家

天時不如地利
地利如不人和

（天の時は地の利に如かず
地の利は人の和に如かず）

孟子／中国の儒学者・哲学者

Pick up

人間同士の協調に勝るものなし

孟子は紀元前372年頃から、紀元前289年ごろに生きていたとされる人物である。中国、春秋戦国時代に孔子の教えを受け継ぎ、「人は産まれながらに思いやりの心を持つ」という性善説を元に、仁義と王道政治を説いたとされる。実利主義や利己主義を批判し、民主主義に通じる思想を説いた。この言葉は生きるか死ぬかの戦乱の時代にどうしたら勝つことができるかを述べたもの。「天からチャンスがいくら訪れても、土地の有利な条件には及ばない。そして、土地がどれだけ有利であっても、人の和、つまり、人間同士が協調することに、勝ることはない……」とした。すなわち勝つために最も大切なのは、仲間同士が手を組んでお互いを補うことであり、それさえできれば、環境が整わず、不運があっても最後には成功を収められると説いたのである。当時は、中国国内での争いだけでなく、内乱によって分割された小国の争いが絶えなかったため、協調を重要視したともいわれる。

どこにいようが
”ノイズ“はつきまとう。
無視すれば不快だが、
耳をすませば
魅せられる

ジョン・ミルトン・ケージ・ジュニア／アメリカ合衆国の音楽家・作曲家・詩人・思想家・キノコ研究家・実験音楽家

寛容さは勇気の現れです

インディラ・プリヤダルシニー・ガンディー／インド初の女性首相・政治家

非暴力とは、悪を行う人間の意志におとなしく
服従することではなく、暴力者の意志に対して
全霊を投げうつことである

マハトマ・ガンディー／インドの弁護士・宗教家・政治指導者

理解せんがために信ずる

聖アンセルムス／中世ヨーロッパの神学者

中世ヨーロッパで、神について探求する学問「スコラ哲学」が盛んだった時代に、アンセルムスが提唱した言葉。神の存在をどう証明するかという問題に対して、「信じることから出発して、信仰の正しさを理性的に探求しよう」と訴えた。人や物事を理解するためには、まずその存在を受け入れることが大切であると説いた。

相手の態度に腹が立つとき、「世の中に腹の立たない人がいるだろうか」と自問自答してみなさい。ありえないことを相手に求めてはいけない

アウレリウス・アウグスティヌス／ローマ帝国のキリスト教の神学者

Pick up

お互いに理解して付き合っていこう

アウグスティヌスはキリスト教徒の母と異教徒の父の間に生まれ、弁論家として教育を受けた後、弁論術を教えるために各地を回っていたとされる。32歳の時にキリスト教に回心すると、古代キリスト教の西方教会最大の教父となった。正統的信仰教義を完成させ、西洋哲学にも影響を与えた。代表作『告白』や『神の国』が有名である。その『告白』の一節に出てくるのが、この言葉だ。「怒りに満ちたとき、相手になぜ自分の望むようにしてくれないのか、といった感情を向けてはいけない」という意味で、“自分と相手は別の人間なのだから、お互いに理解しながら付き合っていくことが大事なのである”と述べた

上善《じょうぜん》は水のごとし

『老子』に書かれた言葉で「一番素晴らしい生き方は、水のような生き方だ」という意味である。水は人の役に立ちながらも、丸い器に入ると丸くなるなど、環境に合わせて自分を変えることができる。周囲の役に立ちながらも争わず、いばらない水の姿こそ、老子の理想とした生き方だったのだ。

老子／中国の哲学者

人間は考え方や
ものの見方が違うのが
当然である。
その違いを認め合い、
受け入れられる広い心を
持つことが大切である

新渡戸稲造／教育者・思想家

ランプが
まだ燃えているうちに
人生を楽しみ給え。
しぼまないうちに、
バラの花を摘み給え

J・M・ウステリ／スイスの詩人

人生は
何事もなさぬには
あまりに長いが、
何事かをなすには
あまりに短い

中島敦／小説家

住するところなきを、まず花と知るべし

世阿弥／申楽師

Pick up

変化を受け入れ、輝き続ける

世阿弥は、室町初期に活躍した能役者である。世阿弥の父、観阿弥は申楽《さるがく》と呼ばれていた能や狂言の「滑稽」な部分を削ぎ落とし、王朝貴族文化の上品な歌や踊りを取り入れて「幽玄美」の能楽を確立した。世阿弥はそれを元に「幽玄美」を表現する謡曲と、その理論を伝える能楽書を書いたとされている。この言葉は、そんな世阿弥が残したとされ、「常に変化し続けることが最も輝く方法である」という意味。たとえ何かを成し遂げたとしても、その地に安住するのでは、輝きは次第に鈍くなってしまうかもしれない。いつも守りに入らず、新しいことに挑戦し、自分自身を変えていくことができれば、輝きは保つことができると説いた。この「幽玄美」は、日本人の美意識の基礎になったとも言われている。

ただ生きるのではなく、善く生きよ

ソクラテス／古代ギリシャの哲学者

古代ギリシャの哲学者ソクラテスは様々な問答に対し、「なぜ？」を突き詰めた人物。出会う人々と哲学的議論を交わし信奉者が増えていったものの、アテネの神を尊敬しなかったことに加え、青年たちを惑わした罪として死刑を宣告されて亡くなった。彼自身による著書はないが、弟子のプラトンによってソクラテスの生涯・対話などをまとめた『ソクラテスの弁明』が残っている。ソクラテスが生きた都市アテネでは、市民が政治や裁判に参加する民主主義が発達しており、ソフィスト（知者）と呼ばれる人たちが活躍していた。ソフィストは政治や弁論の知識を与える議論のプロだが、ソクラテスはそんな彼らに対しても「なぜ？」を繰り返し黙らせた。しかし、その「なぜ？」を繰り返したことにより、相手の思い上がりや勘違いに気付かせ、人々を真理に導いたのである。その生の対話の中で発せられた1つとして、「ただ生きるのではなく、善く生きよ」という言葉がある。これは「どんな風に生きようとも生きたことにはなるが、自分の人生をより善くするように生きなさい」という教え。彼は若者たちに向けて、「悪いことをすると魂が傷ついてしまうため、自分の魂に心を配って魂をより善く育てなさい」と訴え、己の魂を磨いて確立する生き方を説いたのである。

国家は、
屈強であるために
冷酷である
必要はない

フランクリン・ルーズベルト／
第32代アメリカ合衆国大統領

武器を捨てた私には、
カップ一杯の愛しか
差出せるものは
ありません

マハトマ・ガンディー／
インドの弁護士・宗教家・政治指導者

他人の幸せを
願うなら、
思いやりなさい。
自分の幸せを
願うなら、
思いやりなさい

ダライ・ラマ14世／
チベット仏教の高僧
（観音菩薩の化身とされる）

行いは俺のもの、
批判は他人のもの
私の知れた事ではない

勝海舟／武士・政治家

動乱の幕末期に活躍した勝海舟。戊辰戦争では江戸幕府側の人間として西郷隆盛と話し合いを行い江戸無血開城に貢献した。幕臣でありながら、幕政批判や開国を唱え、数多くの批判を受けたが、自分の行いとそれに対する他人の批判を切り離して考えていたといわれる。原文「行蔵は我に存す、毀誉は他人の主張、我に与からず我に関せずと存じ候。」

「若さ」の前に不可能もなければ、陰影もない、それは一切を突破する力であり、一切を明るくする太陽である

与謝野晶子／歌人・作家・思想家

人を責める前に、許す余地がないかどうか考えるべきだ

ゲオルク・クリストフ・リヒテンベルク／ドイツの物理学者

悟りとは、いかなる場合でも平気でいきること

正岡子規／俳人・歌人

全部2番。もちろん、1番になれたほうがいいけど、そのために他が犠牲になるくらいなら全部2番がいい

高橋由伸／プロ野球選手

怒りに任せた行動は必ず失敗する

チンギス・カン／モンゴル帝国の初代皇帝

すべては千変万化する
石でさえも

クロード・モネ／フランスの画家

この世に生きる
価値のない人などいない。
人は誰でも、誰かの重荷を
軽くしてあげることが
できるからだ

チャールズ・ジョン・ハファム・ディケンズ／
イギリスの小説家

なんでもないことは
流行に従う。
重大なことは
道徳に従う。
芸術のことは
自分に従う

小津安二郎／映画監督

いくら志だけがあっても、
学力を伴わない者が世間で
信用されることはありません

北里柴三郎／医学者・細菌学者

北里大学創立者として知られる北里柴三郎。医者の使命は病気を治すことに加え、予防することだと考えた。留学先のドイツでは、数百万人もの命を奪った破傷風の治療法を発見し大きな成果を出した。この言葉はそんな北里をそのまま表したような言葉である。

「ありがとう」と言う方は何気なくても、
言われる方がうれしい。
「ありがとう」
これをもっと素直に言い合おう

松下幸之助／実業家・パナソニック創業者

人にした親切は
忘れていいが、
人にかけた迷惑は
忘れてはいけない

洪自誠／中国の著作家

私は自分が何者かよく知っているから、いちいち態度や様子を変えることに心を使わなくていい

ジョン・F（フィッツジェラルド）・ケネディ／
アメリカ合衆国の第35代大統領・政治家

Pick up

相手の立場や態度によって自分の振る舞いを変えない

ケネディは、1917年にアメリカで生まれ、ハーバード大学を卒業後、「ニューフロンティア」をスローガンに最年少の43歳でアメリカ合衆国大統領に就任した。大統領選挙では、米国初のテレビ討論で国民に好印象を与え、実績のあるニクソン副大統領を僅差でかわして勝利。就任後は、ソビエト連邦との武力衝突回避、人種差別撤廃や宇宙開発も推進するなど、現在でも根強い人気がある人物だ。新時代の象徴として、国民に期待を託されたケネディが選挙に勝った理由を聞かれた際に語ったのがこの言葉。相手の立場や態度、状況などによって、つい自分の振る舞いを変えてしまうことがあるが、それでは周囲に良い印象を与えないし、深い信頼も得られない。何よりも自分が自分のことを嫌いになってしまう。だからこそ自分をよく知り、堂々としていることが大切だと述べた。ケネディは任期2年目のパレード中に暗殺されてしまったが、彼が打ち出した宇宙計画は、その後の大統領に引き継がれ、1969年、アポロ11号は人類で初めて月面着陸に成功した。

本当の生き方の中に、
僕は「楽しませるべし」
という規則を入れたい

アラン（エミール＝オーギュスト・シャルティエ）／フランスの哲学者・評論家

Pick up

人を楽しませることに幸福のヒントがある

1868年、フランスのモルターニュ地方に生まれ、アランというペンネームで活躍した人物。20世紀前半のフランスの思想に多大な影響を与えたとされる。ルーアンの新聞や雑誌などでプロポ（語録）形式でエッセーを発表する一方、第一次世界大戦の志願兵となり前線で戦うという枠にとらわれない行動でも知られる。生き方を論じた『幸福論』や二重性を含む人間を研究した『人間論』は、世界中の人々から支持を得た。

この言葉は、『幸福論』の中に書かれたもので、人を心から褒め、楽しませることができれば、相手は気分が良くなり、物事に対して前向きに取り組めるようになる。そうすると、自ら頑張れるようになって精神的にも満たされ幸福になれると説いた。「このような姿勢で誰もが人と接するようになれば、皆幸福になれるのだ」と言っている。

アランの弟子、アンドレ、モーロアはアランを「現代のソクラテス」と評した。

column
03

「本」を読み、「旅」をせよ

多様性と包摂の時代と言われるが、組織が抱える課題は見せかけの多様性によって解決どころかより問題を複雑にする逆効果になることも少なくない。その失敗事例の多くは、受け入れたはずの「違い」に対する不寛容さによって引き起こされてしまう。「違い」を排除することで解決を焦るも、違いがなければそれこそ、多様さは有名無実化して意味をなさない。無論、共感を強制せよというつもりではなく、より論理的にその「違い」を理解し、受け止めるべきである。

正方形タイルをただ並べて一つ一つを交換するだけならば、もはや管理の意味をなさない。ステンドグラスのように形も大きさも色も異なる一枚一枚のありのままの価値を見いだし、それに見合う「居場所」を調和的に導き出す力が欠かせない。それが、これからのリーダーに求められる素養の一つになる。

パスカルは、個性をより多く見いだすことこそ「知性」によってもたらされると説いた。ラッセルは、自分以外の「さまざまな外の世界」に興味をもつことが、違う意見に耳を傾ける一歩だと考えた。パスカルとラッセルの教えを現代にとりいれるなら、それは多様な知性にふれる読書と多様な外の世界と出会える旅行が助けになるに違いない。

許すというのは簡単なようでいて、とても難しい。寛容で未来を変えるリーダーであるために、「本」を読み、「旅」をせよ。

塩瀬隆之

4章

「挫折」で未来を変える章

～挫折・失敗を乗り越えるために

難問があるということは、それに立ち向かうチャンスがあるということだ

ダライ・ラマ14世／チベット仏教の高僧（観音菩薩の化身とされる）

5歳で指導者になり、政治難民として亡命するなど数々の苦難に立ち向かったダライ・ラマ14世。演説で言ったとされるこの言葉は、何か大きな壁にぶつかった時に力をくれる。人生には解決し難いことがあるかもしれない。しかし、それは同時に自信をつけるチャンスとも考えられる。

"Nothing is impossible, the word itself says "I'm possible"!

不可能なことなどないわ。だって“不可能”という言葉が、「私は、可能」って言ってるじゃない！

オードリー・ヘップバーン／イギリス国籍（ベルギー生まれスイス死没）の女優

どんなに苦しいことがあっても、君にはそれを解決する力がある

アルフレッド・アドラー／オーストリアの精神科医・心理学者

人の将来の成功は忍耐によって得られる

ジョン・ラスキン／イギリスの評論家

臆病者の目には、敵は常に大軍に見える

織田信長／戦国武将

1934年、尾張に生まれた織田信長は、日本で最初に天下統一に近づいた戦国武将である。人間は明らかに相手が有利な状況にあると、戦う前から諦めてしまう場合が多く見られる。信長は桶狭間の戦いで、4万人ともいわれる大軍を率いた今川義元、氏真親子に対し、わずかな軍で本陣を襲い、見事に勝利した。たとえ困難な状況でも、勇気をもって立ち向かえば道は開ける。やって見る前に諦めてしまうのではなく、ひとまず取り組んでみる。そんな気持ちにさせてくれる言葉。

やる前からあきらめるなよ。
「どうせ」なんて言うなよ。
やってみりゃいいじゃないかよ

重松清／作家

良い機会に
恵まれぬ者はいない。
ただそれを
とらえられなかった
だけなのだ

アンドリュー・カーネギー／アメリカ合衆国の実業家

一、二、三では
いけない。
二は迷いである
自信のなさである

小林一茶／俳人

幸福は一夜
おくれて来る

太宰治／小説家

太宰治といえば、『人間失格』や『グッド・バイ』、『斜陽』などの作品で知られ、暗いイメージで強いが、絶望を知るがゆえに希望の言葉も多く綴っている。この言葉は太宰治『女生徒』から。明日の幸福を知らずに人生を諦めることはない。

希望は強い勇気であり、新たな意志である

マルティン・ルター／ドイツの神学者

Pick up

意志を貫きチャンスを掴む

ルターは、教皇庁が免罪符を発行した際に、それを批判する内容の「95か条の意見書」を掲示してローマ教皇から破門された。それまでのキリスト教カトリック教会を批判し、宗教改革の発端となった人物である。彼がきっかけでプロテスタント教会ができたといわれる。この言葉は、どんなに苦しい状況であっても、希望さえ持ち続けていれば道は開けるというルターの強い意志を表している。また、さらに大きな功績として、聖書の翻訳がある。当時ラテン語だった新約聖書をドイツ語に翻訳し、多くの人が直接読めるようにしたのだ。ルターが翻訳した際、元々「天職」という意味の「Beruf」を「職業」と訳したことで、それまでヨーロッパであまりよく思われていなかった労働が"私が神に選ばれている証だ"と考えられるようになり、資本主義の引き金になったといわれている。

重荷を抱いた胸は、打ち明ければ軽くなる

／ヨーハン・クリストフ・フリードリヒ・フォン・シラー
ドイツの詩人・歴史学者・劇作家・思想家

ゲーテと並ぶドイツ古典主義文学の代表者であるシラーが、戯曲『ドン・カルロス』の中で述べた言葉。相談しても無駄と1人で抱え込むのではなく、家族や友達など頼りになる人に打ち明けると心が軽くなるという意味がある。自分では答えが出せない悩み事をそのままにするよりも、勇気を出して誰かに話すだけで救われる。人に打ち明けてみることの大切さを教えてくれる言葉。

もっとも必要でありながら、
研究が遅れている学問。
それは人間の心の探求である

ジャン・ジャック・ルソー／フランスの哲学者

愛はお互いを
見つめ合うことではなく、
ともに同じ方向を
見つめることである

アントワーヌ・ド・サン＝テグジュペリ／フランスの作家

どんな悲しみでも
時間が軽減し、
やわらげてくれない
ようなものはない

マルクス・トゥッリウス・キケロ／古代ローマ共和国の政治家

震災被災者の皆さんが
立ち上がることで、
私たちが勇気づけられます。
たったひとつの惑星です。
私たちは皆、ここにいる。
繋がっています

シンディ・ローパー／アメリカ合衆国の歌手・女優

運命がレモンをくれたら、それでレモネードを作る努力をしよう

デール・カーネギー／アメリカ合衆国の作家

デール・カーネギーは著書『道は開ける』でこの言葉を紹介した。ここでのレモンは嫌なもの、悪いものの例えである。酸味が強く扱いにくいレモンであっても、工夫することでレモネードという美味しい、良いものに変えることができる。自分に与えられた状況を見て不満を感じた時は、それをただ嘆くのではなく、良いものに変えるにはどうすればよいのかを考えると、逆境も成功の重要な手がかりになるという意味である。

泣くがいい、
悲しみを口に出さずにいると、
いつかいっぱいにあふれて
胸が張り裂けてしまうぞ

ウィリアム・シェイクスピア／イギリスの小説家・劇作家

シェイクスピアは『ロミオとジュリエット』、『ヴェニスの商人』、『ハムレット』『リア王』など数々の有名な作品を残した作家である。この言葉は彼が書いた四大悲劇の中で最高傑作と称される『マクベス』での一節。マクベスは映画『蜘蛛巣城』の元ネタになるほど、翻案も多く現在でも支持されている。泣きたい時は、思い切り泣いても良い、ずっと我慢していると悲しみで心が壊れてしまう。苦しい時に思い出したい言葉。

他人が笑おうが
笑うまいが、
自分の歌を
歌えばいいんだよ

岡本太郎／芸術家

人間が強くなるには、
自分の頭で考えることが大事だ

米長邦雄／棋士

問いを解くとは、それと一つになることである

鈴木大拙／心理学者

失敗こそ、不必要なものをすべて脱ぎ捨てることを意味する

J・K・ローリング／イギリスの小説家

ハーバード大学の卒業式の際に演壇で発した言葉である。失敗は成功のもとということわざがあるように、失敗をすることは大きく見せようとする自分をやめて、等身大の自分を見せられる一歩だと訴えている。今まで絡まっていたしがらみをすべて解き、価値観を見直したからこそ彼女は成功したのだ。

過ちを犯すことは
恥ずべきことではない。
その過ちを
改めようとしないのは
恥ずかしいことだ

ジャン・ジャック・ルソー／フランスの哲学者

たくさんの
失敗を重ねてみて、
初めて真実の
全体像が
見えてくるのだ

ジークムント・フロイト／オーストリア・イギリスの精神科医

なんでも
やれる人に
秀でたる人は
いない

トーマス・フラー／イギリスの歴史家

どんな人間だってある角度から見れば、
そいつは主人公なんでね

黒澤明／映画監督

『羅生門』、『七人の侍』、『蜘蛛巣城』などの作品で知られ、世界中に多くのファンを獲得した黒澤明。自分という人間は世界に一人であり、たとえあまり目立つことのない人でも、ある角度から見たら主人公である。ヒューマニズムにこだわり、それを常に捉え続けた黒澤明の作品を表すような言葉である。

雨が降るのではないかと
心配すると、
本当に雨が降るものだ

クリント・イーストウッド・ジュニア／アメリカ合衆国の俳優・映画監督

わたしの生涯は
1篇の美しい童話である

ハンス・クリスチャン・アンデルセン／デンマークの詩人・童話作家

負けを知ったとき、
初めて勝つことができる

北島康介／競泳選手

「何度でも立ち向かう」

あきらめからは何も生まれない。

1％の可能性でも見いだそうと、壁に向かったときこそ、自分の中に秘められていた、新たな力が出てくる

古賀稔彦／柔道家・医学者

1988年のソウル五輪では3回戦で敗退した古賀稔彦選手は、4年後の雪辱を期し猛練習に取り組み、1992年のバルセロナ五輪に向かった。しかし、大会直前に弟弟子の吉田秀彦との乱取り中、左膝を負傷。周りからは出場も絶望視されたが、この言葉にある通りの不屈の精神で、痛み止めを打ちながら金メダルを獲得した。

もう終わりだと思うのも、さあ始まりだと思うのも、どちらも自分だ

フェデリコ・フェリーニ／イタリアの映画監督

受けて立つような気になっては失敗する。そこに連覇の難しさがある

野村克也／プロ野球選手・監督

忙しさは悲しみを忘れさせる

ジョージ・ゴードン・バイロン／イギリスの詩人

失敗したことのない人間は成功することもない。たゆまざる挑戦が成功につながるからだ

カール・ルイス／アメリカ合衆国の陸上選手

そのままでいいがな

相田みつを／詩人・書家

ベストセラーとなった『にんげんだもの』の中にある相田みつをの言葉。相田みつをは、自分のありのままの姿、そのままでいることが結局周囲に一番良い印象を与え、堂々としていられると言っている

重いものをみんな捨てると、風のように歩けるそうです

高村光太郎／詩人

自分で自分を批評する仕事に堪えられる者は、きわめて少数だ

リチャード・ブリンズリー・シェリダン／イギリスの劇作家・政治家

笑われて笑われて強くなる

太宰治／小説家

私たちの最大の弱点は
あきらめることにある。
成功するのに
もっとも確実な方法は、
常にもう一回だけ
試してみることなんだ

トーマス・エジソン／アメリカ合衆国の発明家

Pick up

失敗を失敗と考えないようにする

トーマス・エジソンは、1937年にアメリカで生まれ、元教師の母に勉強を教えられながら育った。小学校はなんと3ヶ月でやめたという。22歳の時に、電気投票記録機を発明。特許をとると、自分の工場を建てて電信関連装置のさらなる発明と改良を重ねた。この言葉には、エジソンの考え方がよく反映されている。エジソンは試行錯誤を繰り返す中で、思い通りにいかないことが数多くあった、しかし、それを失敗と考えることはなく、むしろ、成功への道筋だと言った。エジソンにとっての「失敗」とは、途中でやめてしまうことに他ならない。成功するために一番必要なのは、諦めないこと。失敗したと思うこと自体が、失敗なのかもしれない。

苦労の末、堅実に積み上げられた信頼は、
たやすく失われることはない

カーネル・ハーランド・デーヴィッド・サンダース／
アメリカ合衆国合衆国の実業家・ケンタッキーフライドチキン創業者

人生は「開き直る」ことが大切ですよ

斎藤一人／
銀座まるかん創業者・実業家

偉大な栄光とは
失敗しないことではない。
失敗するたびに
立ちあがることだ

ラルフ・ワルド・エマーソン／アメリカ合衆国の思想家・哲学者

歩け、歩け。
続けることの
大切さ

伊能忠敬／地理学者・天文学者・測量家

より高みを
目指すのを
やめたものは
高みにいることは
できない

オリバー・クロムウェル／イギリスの政治家・軍人

革命未だ成らず

孫文／中国の革命家・政治家

孫文は、「中国革命の父」と呼ばれた中国の政治家である。この言葉は志半ばで病死した孫文が、国民党の同士に向けた遺書にある。「革命は未だ成功していない。自分は死んでしまうが、思想を本に書き残してきた。それらを読んで革命を成功させてほしい」と、革命を続けることを願った孫文の意思が込められている。

仕事はあきらめてはいけない。
最後のひと押しが成否をきめるのだと、
紙一重の差を私はそこで悟ったのだ

市村清／実業家・リコー三愛グループ創始者

たとえ、明日、
世界が滅びるとしても、
私は今日リンゴの木を植える

マルティン・ルター／ドイツの神学者

戦いの帰趨を決するのは
多くの場合、
粘り強さである

ナポレオン・ボナパルト／フランスの軍人・皇帝・革命家

僕は挑戦することをあきらめることは絶対にできない

マイケル・ジョーダン／アメリカ合衆国のバスケットボール選手

Pick up

シュートを打ち続けることの大切さ

マイケル・ジョーダンは、1963年アメリカ合衆国に生まれ、ロサンゼルスオリンピックとバルセロナオリンピックで金メダルを獲得した人物。NBAで所属したシカゴブルスでは、6度の優勝という輝かしい記録を残している。滞空時間の非常に長いジャンプから「エア・ジョーダン」と呼ばれた。個人としては、NBAに在籍した15シーズンで、10度の得点王、5度の年間MVP、6度のNBAファイナルMVP受賞。これらの華々しい記録はバスケットボール史上最高のプレイヤーと言われるにふさわしいものである。その華麗なプレーから天才と周囲に考えられていたジョーダンであったが、彼もまた、数多くの失敗をしたという。あきらめずに、挑戦し続けることが成功の秘訣なのかもしれない。

偉業は一時的な衝動でなされるものではなく、小さなことの積み重ねによって成し遂げられるのだ

フィンセント・ヴィレム・ファン・ゴッホ／オランダ・フランスの画家

オランダのポスト印象派の画家、ゴッホが述べたとされる言葉。創作期間わずか10年で、ポートレート、セルフポートレート、風景画、静物画など約2100点にもおよぶ作品を残し、西洋美術史における最も有名な芸術家となった。作品の特徴は、大胆な色使いと、激しいブラシストロークで知られている。代表作は『ひまわり』や『星月夜』。生前は絵が一枚しか売れなかったことでも知られ、葛藤し自死したが、後に彼の作品の多くは高く評価されて愛されている。彼の言ったように偉業は小さなことの積み重ねによって成し遂げられるのかもしれない。

笑えば、笑う数ほど
友達ができるけれど、
しかめっ面をしていたら、
皺の数が増えるだけですよ

ジョージ・エリオット／イギリスの作家

空を見上げてごらんよ。
うつむいていたら、
ほら きれいな虹が
見られないじゃないか

チャールズ・チャップリン／イギリスの映画俳優・映画監督

知識なしではスキルは発揮できない。
スキルなしでは力は生み出せない。
力なしでは知識は応用できない

アレクサンドロス3世（アレクサンドロス大王）／古代ギリシャのコリントス同盟盟主・ファラオ兼任

100に1つの偉業を成し遂げる人は、
99の失敗で培った経験と人脈を
礎《いしずえ》にできる人

塩瀬隆之／京都大学総合博物館准教授

心に
太陽を持て

ツェーザル・フライシュレン／
ドイツの詩人

転んだら
起きればいい！

鬼塚喜八郎／実業家・アシックス創業者

未来という無限の
王国に向けて
できるだけ遠く
槍を投げることだ

フランツ・リスト／
ハンガリー・ドイツの音楽家

君はこれから
何度もつまずく。
でもそのたびに
立ち直る強さも
もってるんだよ

藤子・F・不二雄（藤本弘）／漫画家

あなたが知っていることを
繰り返し実践しなさい。
そうすれば、あなたが
今知らないことを明確に
することができるのです

レンブラント・ハルメンソーン・ファン・レイン／オランダの画家

黙ってこらえているの
が一番苦しい。
盛んにうめき、盛んに
叫び、盛んに泣くと少
し苦痛が減ずる

正岡子規／俳人・歌人

そこに
エベレストが
あるから

ジョージ・マロリー／イギリスの登山家

一生懸命やって
勝つことの
次にいいことは、
一生懸命にやって
負けることなのよ

ルーシー・モード・モンゴメリ／カナダの小説家

人間のもっとも優れたところは
苦しみを乗り越えて
喜びをつかめることです

ルートヴィヒ・ヴァン・ベートーヴェン／ドイツの音楽家

”あきらめ“などという言葉は私の辞書にはない

フローレンス・ナイチンゲール／イギリスの看護師

看護婦として働くことを親から許してもらえなかったナイチンゲールは、自ら行動し、病院について調べ、自らアンケート調査を実施したり、旅行の際には何かと理由をつけて病院を訪ね、現地で訓練を受けたことで知られる。困難があってもあきらめずに、できることからやれば、道は必ずひらけるはずと考えていた。

より高く、より遠く跳躍しようとする者は、それだけ助走距離を長くする

むのたけじ／ジャーナリスト

「自分には限界がある」と思うと成長できない

アルフレッド・アドラー／オーストリアの精神科医・心理学者

一滴、一滴が海になる

アルベルト・ザッケローニ／イタリアのサッカー選手・指導者

万事成らざれば、須らく吾が志を責むべし

朱子（朱熹）／中国の儒学者

Pick up

成長のために自省することが大切である

朱子は中国、南宋時代に生まれた人物。『四書集注』や『近思録』の著書で知られ、天体の動きを模型にしたり、雪の結晶の観察したりするなかで、宇宙の仕組みを研究する新儒学『朱子学』を創設した。この言葉は、「何かを達成できなかったとき、環境や人など他の要因を探さず、まず自分の態度を改めよ」という意味だ。誰かのせいにしていては成長は望めない。反省することが次へのステップに繋がるのだとした。中国では、朱子の死後、朱子学が国家教学として科挙試験に取り入れられた。日本でも朱子学は、国内の思想に多大な影響を与えた。

転んでも
ただでは起きるな。
そこらへんの土でも
つかんで来い

安藤百福／実業家・日清食品創業者

『転んでもただでは起きるな！　定本・安藤百福』の中に書かれた言葉である。カップラーメン開発のために作業し続けた彼は、「失敗しても、何かを学んで立ち上がればいい」と、自分の道を貫き通した。たとえ失敗しようとも、諦めずに何度でも取り組んで挑め、という熱いメッセージが込められている。

失敗しない研究は研究ではありません

本間希樹／国立天文台水沢VLBI観測所長

『朝日小学生新聞』 掲載記事に綴られた言葉。彼は、世界で初めてブラックホールの撮影に成功した国際研究チームの日本代表であり、その研究にかけた時間は10年以上。その研究の中で多くの失敗を繰り返しながら、最後にはブラックホールの撮影という大きな成功を収めた。彼の言葉では、失敗した後、次の一手はどうするかを考えることが重要だと言っているのだ。

バカ、それは失敗じゃない。一つ一つ、うまくゆかない方法を確認したんだ

トーマス・エジソン／アメリカ合衆国の発明家

失敗に落胆しなさるな。失敗に打ち勝たなければならぬ

大隈重信／内閣総理大臣・政治家・教育者

天が私にあと十年の時を、いや五年の命を与えてくれるなら、本当の絵描きになってみせるものを

葛飾北斎／画家

よく寝、よく食べ、くよくよするな！

鬼塚喜八郎／実業家・アシックス創業者

人生における最大の失敗は失敗を恐れ続けることである

エルバート・ハバード／アメリカ合衆国の作家・哲学者・芸術家

人は、つねに前へとだけは進めない。引き潮あって、差し潮がある

フリードリヒ・ニーチェ／ドイツの哲学者

俺は、これまで９０００本以上のシュートを外した。３００試合は落としたかな。奴なら必ず決めると期待された決勝のシュートだって26回もミスった。俺は、この人生で何度も何度も失敗を繰り返してきた。それが、成功した理由だ

マイケル・ジョーダン／アメリカ合衆国のバスケットボール選手

人間、逆境にあるときは、クリエイティブになるほかない。昼も夜も考えに考え、深く理解しようとするものだ

ビル・ゲイツ／アメリカ合衆国の実業家

Pick up

どんな逆境も知恵を使えば乗り越えられる

わずか13歳でプログラムを書いたといわれるビル・ゲイツは、1970年代にコンピューターの機器（ハードウェア）が注目されるなか、コンピューターのプログラム（ソフトウェア）に力を入れるべきだと考え、開発に取り組んだ。その後、世の中はハードからソフトに移行し、ビル・ゲイツの予想が正しかったことを示した。『あなたの知らないビル・ゲイツ』の中で述べられたこの言葉は、どんな状況や逆境でも知恵を使えば乗り越えられるということを表している。現在では彼の創業した、マイクロソフト社のOS「Windows」がOSの市場占有率１位になり、世界的な大富豪となった。慈善活動をしていることでも知られる。

自己の過誤から学びうるがゆえに、知識が発展し、科学が進歩する

カール・ポパー／オーストリア・イギリスの哲学者

『探求の論理』の中で書かれている「反証可能性（科学と非科学なものの違いを反証できるか否かで調べること）」に対する帰結的な考え方として述べられた言葉。何か失敗したことがあっても、そこから学べることがあれば未来のために役立つという意味である。経験したことを後悔するよりも得られたものを探して、次に繋げる意識が大事なのだと述べた。

高く飛ぶためには
思いっきり
低くかがむ
必要があるのです

山中伸弥／医学者・京都大学教授

人生は経験しなければ
理解できない教訓の
連続である

ラルフ・ワルド・エマーソン／アメリカ合衆国の思想家・哲学者

認められるまでは
嘲笑される。
これは真理の
常である

アルベルト・シュヴァイツァー／フランスの医師・神学者・哲学者・オルガニスト・音楽学者・博学者

油断が人の
敵なのさ

ウィリアム・シェイクスピア／イギリスの小説家・劇作家

人間というものは、
歴史の教訓から
多くを学ばない。
それが最大の
教訓だろう

オルダス・ハクスリー／イギリス・アメリカ合衆国の小説家

弱いから
負けた

篠原信一／柔道家

頂上であって、
同時に
崖っぷち
なんだよ

千代の富士／力士

叫ぶことで〝頑張っている〟と感じるかもしれない。
だが大声を出せば多くのことを忘れてしまう。
頑張り方にもバランスが必要だ

フース・ヒディング／オランダのサッカー選手・指導者

美には二つの種類がある。
一つは本能から生まれてくるもの、
もう一つは入念な研究の
結果から生まれるもの

ウジェーヌ・アンリ・ポール・ゴーギャン／フランスの画家

人の思考が
どんな努力をしても
たった一匹のハエの本質さえ
語り切ることはできない

トマス・アクィナス／イタリアの神学者・哲学者

忙しいと
疲れたは
自慢にならん

吉田茂／政治家

ただ他の人と
違うように
作るのではなく、
他の人よりもっと
単純に作るのです

クロード・アシル・ドビュッシー／フランスの音楽家

思ってたより、数十倍、
数百倍、数千倍しんど
いです。三日間以上ご
飯も食べれない日が続
いています。でも負け
たくない

池江璃花子／競泳選手

僕らは多くの戦いの
試練を潜り抜けてきた。
今、何をやればいいか
わかっているだろ

コービー・ブライアント／アメリカ合衆国のバスケットボール選手

自ら得意になるなかれ、
自ら棄《す》つるなかれ、
黙々として
牛のごとくせよ

夏目漱石／小説家

失敗は一種の教育である

ジョン・デューイ／アメリカ合衆国の哲学者

デューイはシカゴ大学内に実験学校を創設し、自らの教育哲学を試した人物である。この言葉は「考えることを知っている人間は、成功と失敗どちらであろうと、非常に多くのことを学ぶことができる」という意味で、特に失敗の経験の重要性、自身の経験はしっかり振り返って考えることが大切だと説いている。

教わって覚えたものは浅いけれど、自分で苦しんで考えたことは深いんですよ

早川徳次／実業家・東京地下鉄創立者

学而不思則罔思而不学則殆

（学びて思わざれば則ち罔《くら》し、思いて学ばざれば則ち殆《あやう》し）

孔子／中国の思想家・哲学者

過去から学び今日を生き、未来に対して希望を持つ。大切なことは、何も疑問を持たない状態に陥らないこと

アルベルト・アインシュタイン／ドイツ・アメリカ合衆国の理論物理学者

ラジウムを発見した時、
誰もこれが病院で
役立つなどとは
思いもよらなかったことを
決して忘れてはなりません。
純粋かつ真摯に科学と
向き合った賜物であることを

マリ・キュリー／ポーランドの物理学者・化学者

Pick up

純粋かつ真摯に向き合う

キュリー夫人は、男性が優遇される社会環境のなか、女性で初めてノーベル賞を受賞したことで知られる人物。しかし、多くの華々しい功績を残した裏には、血の滲むような努力があった。1867年、ポーランドに生まれ、若い頃から貧しさと戦いながら研究をした。結婚しても主婦業や育児と両立しながら勉強に励み、ついに、鉱物の中から未知の放射性元素「ラジウム」と「ポロニウム」を発見。この功績でノーベル賞を受賞することになる。しかし、実験を続けるうちに耳鳴りや視力の低下など、さまざまな体の異常が起き、放射性物質をあび続けていたマリーの体は日毎に蝕まれていった。このように自らの体を犠牲にしてでも実験を続けた放射線分野は、現在では医療だけでなく産業、工業など幅広く活用され私たちの生活に役立っている。この言葉にあるように、真摯に科学に向き合い続けた彼女だからこそ、偉大な功績を残すことができたのだろう。

感情は、それと反対の、
しかもその感情の
もっと強力な感情に
よらなければ、
おさえることも
除去することもできない

バールーフ・デ・スピノザ／オランダの哲学者

Pick up

ネガテイブをポジティブに

オランダの哲学者であるスピノザは、旧約聖書を正統派とは異なる解釈をしたことによりユダヤ教から破門されている。その後、個人的な哲学教師とレンズ磨き職人として生計を立てた。当時のレンズ磨きは最先端の技術であり、彼のレンズは精度が良いと言われていた。そのレンズ磨きの合間に『エチカ（倫理学）』や『神学・政治論』などを執筆している。

スピノザが生きた17世紀という時代は、「神が自然を作った」というキリスト教の影響が強かったが、彼は「世界とは、その全体が無限で唯一の神である」とキリスト教とは異なる考え方であった。当然強い批判を浴びたが、スピノザは信仰としての考えではなく、誰もが理解できる数学の証明のように合理的な説として発表したいと思っていた。その思想が詰まった本が『エチカ』であり、「A＝B、B＝C、A＝C」という三段論法を重ねることで「神は世界として存在する」と結論を導き出したのである。

また、感情をコントロールすることに注視した彼の名言も『エチカ』に収録されており、「ネガティブな感情を打ち消すのは難しいことであるため、嬉しい気持ちや楽しい気持ちのような反対の感情を持つことが大切だ」と言及している。気持ちを切り替えれば、再び頑張ろうとする勇気が芽生えてくるのだ。

column
04

挫折や失敗の瞬間が
未来を変える好機である

挫折や失敗を恐れる人の多くは、そのときに向けられる嘲りを恐れているのではないか。その他者からの評価を気にする目を内に向ければ、挫折や失敗は自らにとって大きな学びへと転換する。挫折や失敗がもたらす学びの一つは、自らに新たなモノの見方を強制的にもたらすことである。地面に突っ伏せばふだん見過ごしていた小さな草花に気づき、仰向けて倒れれば広く高い空を見上げられる。ふだんは気づくことのなかったモノを発見し、そこにあることを知りつつも見えなかった新たな関係性が浮き彫りになる瞬間を逃してはならない。
異なるモノの見方を想像できても、新たな景色そのものはいざ本当に姿勢を変えるまでその価値に気がつかない。しかし目を瞑って倒れ、目を瞑ったまま起き上がってしまうと新たな景色を見過ごしてしまう。挫折や失敗の瞬間こそ、まさに瞠目《どうもく》すべき時であり、未来を変える好機である。

塩瀬隆之

5章

「孤高」で未来を変える章

～自分自身の道を開くために

あきらめぬ強さがあれば、幸運は必ずや訪れる

ミヒャエル・エンデ／ドイツの児童文学作家

ドイツの児童文学作家ミヒャエル・エンデは、『モモ』や『はてしない物語』など壮大なファンタジーが織りなす世界観が人気で、子どもだけでなく大人にも根強いファンが世界中にたくさんいる。しかしその作品には、複雑な現代社会が抱える経済、文化、政治の課題が巧みに仕組まれており、児童文学にしてはやや難解だとも評されるが、窮地を乗り越えるために常に大切なものが「想像力」と「諦めない心」であることが通底するメッセージとして物語に織り込まれている。

いついかなる時も
高潔であれ

アーネスト・ヘミングウェイ／アメリカ合衆国の小説家・詩人

年老いた者が
賢いとは限らず、
年長者が正しいことを
悟るとは限らない

旧約聖書／ヨブ記

心に残るのは
千の忠告より
一つの行為だ

ヘンリック・イプセン／ノルウェーの劇作家・詩人・舞台監督

希望のあるところに
命はある。
希望は私たちを
新たな勇気で満たし
再び強くする

アンネ・フランク／ドイツ「アンネの日記」の著者

人の知ってる草の名も、
どうせだれかがつけたのよ。
ほんとの名まえを
知ってるは、
空のお日様ばかりなの

金子みすゞ／詩人

おもしろきこともなき世を
おもしろく

高杉晋作／長州藩士

高杉晋作は、山口県に生まれ、吉田松陰の松下村塾で学んだ後、志の高い人間を集めて騎兵隊を結成し、新しい時代への道を切り開いた人物。この言葉はそんな高杉新作の「おもしろくない世の中でも心持ち次第でおもしろくできる」という想いが込められている。長年の間、これに野村望東尼が加えた「住みなすものは心なりけり」を合わせ、辞世の句とされてきたが、近年では、死の前年には詠んでいたのではないかと言われている。

希望は失望に
終わることがない

新約聖書／ローマ人への手紙　5章3〜4節

なにかこまることが
あっても、
けっして他人の力を
借りてはいけない

アンリ・ファーブル／フランスの博物学者

永遠に命があるかの
ごとく夢を抱き、
今日、
果つる命のつもりで
生き抜け

ジェームズ・ディーン／アメリカ合衆国の俳優

事象そのものへ

エトムント・フッサール／オーストリアの哲学者・数学者

Pick up

どんな先入観にもとらわれない

オーストリア生まれのユダヤ系ドイツ人であるフッサールは、当初数学と天文学を研究していたが、2年間ほど哲学者のブレンターノに師事してからは、専攻を哲学に切り替えた。主な著作に、概念や命題を明らかにする『論理学研究』や現象学の思想を確立した『現象学の理念』などが存在する。1916年にはフライブルク大学の哲学科正教授に任命されるものの、ユダヤ人であることを理由に大学教授の資格を剥奪されてしまう。人種問題でフッサールが不遇な目にあってしまったのは、1933年にヒトラー政権が成立したからであった。当時、ユダヤ人はヒトラー率いるナチス政権下で強烈な迫害を受けており、フッサールも教授資格の剥奪に加え、大学への立ち入り禁止、著作発行の禁止、海外の国際哲学会議への参加不許可など数多くの制限を強いられた。しかしそんな中でも彼は、名言でもあり目標でもある「事象そのものへ」を研究しながら、原稿を書き続けた。すなわち、どんな先入観（思い込み）にもとらわれずに、その事そのものを自分で判断していく方法論だ。また、「事象そのものへ」を収録した『現象学の理念』では、エポケー（判断停止）と呼ばれるスローガンを重要視している。どんな難問もエポケーを行って、物事を根本から捉え直すことが大切だと訴えているのである。

孤独であることは救われることである

レオナルド・ダ・ヴィンチ（レオナルド・ディ・セル・ピエロ・ダ・ヴィンチ）／
フィレンツェ共和国・フランスの芸術家

レオナルド・ダ・ヴィンチはルネサンス期を代表する芸術家である。常識にとらわれない構図に挑戦する画家という肩書きの他に、有名なものだけでも解剖学やデザイン設計、天文学、鏡文字、音楽、料理、数学など、ありとあらゆるジャンルに精通したことで知られる。この言葉は彼が残した貴重な手記にあったもので、他人と関わってしまうと、作品は自分の全てではなく、半分になってしまうという意味。そんな孤高の天才らしい言葉を残したレオナルドだが、幼少期に母と離れ孤独だったのではないかと言われている。孤独はマイナスに捉えられがちであるが、天才を産むこともあるのかもしれない。

この世で
一番強い人間とは、
孤独で、ただ一人で
立つ者なのだ

ヘンリック・イプセン／ノルウェーの劇作家・詩人・舞台監督

世界に
どう見られようが
俺には関係ない。
俺は、俺が描く
自分の姿を
全うするだけだ

ジャック・ロンドン／アメリカ合衆国の小説家

きみがひとりのとき、
ほんとうにひとりのとき、
誰もができなかったことを
なしとげるんだ。
だからしっかりしろ

ジョン・ウイストン・レノン／イギリス・アメリカ合衆国のシンガーソングライター・ビートルズのボーカル&ギター

型をつくるには
稽古しかないんだ

立川談志／落語家

古典落語を誰よりも愛するが故に、このままでは古典落語そのものが時代に取り残されてしまうと警鐘をならした人物。この言葉は弟子の談春の著書『赤めだか』にあるもので、いかに時代に合わせて古典落語を表現しようとしていたかが垣間見える。立川談志は国民的な番組となった「笑点」の企画・立ち上げや、参議院議員などの政治活動をしたことでも知られ、その型破りな生き方が先行して非常に破天荒なイメージが強いが、実際は落語のみならず講談、漫談などに広く通じ、彼独自の哲学は多くの聴衆を魅了した。

勤勉と熟達があれば
不可能なことは
ほとんどない

サミュエル・ジョンソン／
イギリスの批評家・詩人

サミュエル・ジョンソンは、18世紀のイギリス文壇の中心的な文学者である。彼は、せっかくオックスフォード大学に入学するも、貧しく、中退せざるを得なかった。しかし、故郷で文筆に従事後、独力で2巻組の英語辞典『A Dictionary of the English Language』を完成させる。この辞書が出された当時は、他に英語辞典は存在せず、出版当初から、多くの人の信頼と人気を得た。この言葉はそんなジョンソンが述べた名言である。

孤独な者は、
もっとも強い

五島慶太／実業家

私は、人嫌いの偏
屈者だと思われて
いるようだが、た
だ単に、私自身と
作品を守ろうとし
ているだけだ

J・D・サリンジャー／
アメリカ合衆国の小説家

孤独な木は、
仮に育つとすれば丈夫に育つ

サー・ウィンストン・レナード・スペンサー・チャーチル／
イギリスの軍人・政治家

ある程度孤独を愛することは、静かな精神の発展のためにも、またおよそ真実の幸福のためにも、絶対に必要である

カール・ヒルティ／スイスの文筆家・法学者・政治家

Pick up

孤独を愛することこそ幸福への近道

ドイツのゲッティンゲン大学で法学と哲学を学び、弁護士となった人物。また、その一方でベルン大学の国際法の教授となり、キリスト教信者の立場から平和論の教示や禁酒運動に尽力し、享楽のあらゆることを避けるように訴え、下院議員として社会の改良を目指した。彼の著作である『幸福論』や『眠られぬ夜のためには』は宗教的・論理的な内容で有名である。そんなヒルティが生きた19世紀後半のスイスは、小さな都市の集合体から大きな国家として独立するため、資本主義化していく転換期。激変する社会の中で、ヒルティはキリスト教徒の視点から「幸福」をテーマにした『幸福論』を打ち出した。『幸福論』の中で「もっとも熱心に求めてやまないものは、何と言ってもやはり幸福の感情である」と断言するほど、彼は人間の幸福を考え、貪欲に追い求め続けた。その幸福の在り方の一つとして、『幸福論』で孤独を愛することについて説いている。それが彼のこの名言であり、「人といるときに楽しいのは当たり前であり、本当の幸福は孤独を愛することで初めて得られるものだ」と主張している。孤独と聞くと寂しいイメージがあるかもしれないが、視点を変えれば１人でいられる自由な時間なのだ。物事を１人で考えることが精神の発達や幸せへの近道となるのである。

自分を信じろ。人には好きに言わせておけ

ダンテ・アリギエーリ／イタリアの詩人

イタリア最大の詩人であるダンテは、小貴族の家柄に生まれ、裕福とはいえない経済状況の中で育った。ダンテが生きた13世紀のイタリアでは、教皇党と皇帝党の対立が勃発し、彼自身も党派闘争に巻き込まれることになった。教皇党の内部分裂から故郷を追われる身となったダンテは、北イタリアの都市を転々としながら過ごしたが、その頃書き上げたのが彼の代表作といえる『神曲』である。多くの苦悩を味わいながらも、後世に残る壮大な作品を残したダンテの言葉だからこそ、最終的に一番大切なのは自分の意思であるという言葉の重さが伝わってくる。

壁の先には
壁しかありませんでした。
でも人間とは
欲深いものだから、
課題が克服できたら
越えようとする

羽生結弦／フィギュアスケーター

人に勝つより、
自分に勝て

嘉納治五郎／柔道家・教育者

俺は、全力でバットを振る。
振り切る。デカい当たりを
かっ飛ばそうが、大振りし
ようが関係ない。俺は、ビッ
グに生きたいんだ

ジョージ・ハーマン・ルース・ジュニア（ベーブ・ルース）／アメリカ合衆国のメジャーリーガー

人間は生来、すべて自由、
平等で、独立している。
だから誰も自らの同意な
しに、ほかの政治的な権
力に服従させられること
はない

ジョン・ロック／イギリスの哲学者

世界には君以外には誰も歩むことの
できない唯一の道がある。
その道はどこに行きつくのかと問う
てはならない。ひたすら進め

フリードリヒ・ニーチェ／ドイツの哲学者

好きの力を信じる

水木しげる／漫画家

創意工夫し自分だけのものをつくれ

釜本邦茂／サッカー選手

I'll be the eye

(僕が目になろう)

レオ・レオニ／オランダで生まれアメリカ合衆国・イタリアで活躍した絵本作家

僕は記録のためにプレーしているわけじゃない。ゴールは練習の成果だし、チーム全員のものだ

ネイマール・ダ・シウバ・サントス・ジュニオール／ブラジルのサッカー選手

200階まで行きたい。
エレベーターもエスカレーターも
ダメとなったら
もう階段しかないでしょう

桑田真澄／プロ野球選手・メジャーリーガー

アメリカ横断駅伝を
やろうじゃないか

金栗四三／マラソン選手

僕が持っているものは、
すべて努力によって手に入れた

セルゲイ・ブブカ／ウクライナの陸上選手

自由は責任を意味する。だからこそ、たいていの人間は自由を恐れる

ジョージ・バーナード・ショー／イギリスの文学者・教育者

ジョージ・バーナード・ショーは、『ピグマリオン』や『聖女ジョウン』などで知られるイギリス近代演劇を代表する人物。94歳までに53もの戯曲を残し、シェイクスピアに対抗した作品を出したことも有名である。この言葉は「自由は皆が欲しがるものであるが、それは同時に自分の行動に責任が発生することでもある」という意味。社会主義者であり、リベラリストとして数多くの評論を残した彼の自由の真髄が見受けられる。

己れの力で、己れの運命を開拓する者は安心する所が多い。失敗しても失望せぬ。また、奮い起こる事ができる

三宅雪嶺／哲学者

大胆不敵に無邪気たれ

バックミンスター・フラー／アメリカ合衆国の思想家・デザイナー・構造家・建築家・発明家・詩人

あなたの強さは、あなたの弱さから生まれる

ジークムント・フロイト／オーストリア・イギリスの精神科医

Pick up

弱点が実は最強である

フロイトは1856年に、ユダヤ商人の子としてチェコに生まれ、ウィーン大学医学部卒業後にパリに留学。その後に精神科医を開業した人物である。開業医になると神経症の治療として、「精神分析学」を始め、世界に先駆けて心の問題を科学的に取り扱った。また、夢や無意識の働きを分析したことでも知られる。この言葉は、そんなフロイトが弱点について述べたとされる言葉。スポーツにおいても勉強においても、たとえ仕事であっても、自身の弱点を認識し、それを克服することで、将来気が付いた時は強さに変わっている。自分の弱さを見つめて工夫や努力を積み重ねていくことが本当の強さに繋がると言っているのだ。フロイト自身が心理学の巨匠と呼ばれる現在の地位に至るまで、大変な苦労をした。精神分析学は当時全く無名の学問であり、新しい学問を創始した際には、厳しい批判に晒されたこともあった。それでも諦めずに学問を続けたフロイトの成果が、だんだんと世界で認められるようになり、最終的には「精神分析学の創始者」とまで言われるようになったのだった。

私が造り出したものを全部知ることはできない。私は革命をした

ココ・シャネル（ガブリエル・ボヌール・シャネル）／フランスのファッションデザイナー

1883年、シャネルはフランスで生まれ、まもなく母を亡くし、孤児院で育った。裁縫は12歳の時に孤児院で学んだとされ、そこで培われた独自のセンスは後に立ち上げるファッションブランド「シャネル」に生かされたという。彼女は乗馬を契機に周囲の女性とは違った服装をするようになる。慣習や常識にとらわれず、斬新で男性同様に社会進出できる洗練されたファッションを次々に打ち出し、トップデザイナーにまで上り詰めた。この言葉はそんなシャネルが残したもの。デザインを突き詰め、限界まで追い求めた境地を彼女自身の言葉で表現したのかもしれない。

虚像と実像は
全くの別物だ。
虚像を
貫き通すことは……、
楽じゃない

エルヴィス・アーロン・プレスリー／
アメリカ合衆国のミュージシャン

僕の前に
道はない
僕の後ろに
道は出来る

高村光太郎／詩人

誰だって、
15分間は
〝有名〟になれる

アンディ・ウォーホル／
アメリカ合衆国の画家・版画家・芸術家

経験、
それ自体は
学問ではない

エトムント・フッサール／
オーストリアの哲学者・数学者

Change starts local.
Even global change starts small
with people like us.

（変化というのは、身近な場所から始まる。
世界的な変化だって、私たちのような小さな存在から始まる）

マーク・エリオット・ザッカーバーグ／
アメリカ合衆国のプログラマー実業家・Facebookの共同創業者兼会長兼CEO

最大の危機は目標が高すぎて失敗することではなく、低すぎる目標を達成することだ

ミケランジェロ・ブオナローティ／イタリアの芸術家・建築家

ミケランジェロが言ったとされる言葉。ミケランジェロは盛期ルネサンスを代表する芸術家で後の西洋美術に多大な影響を与えた人物である。この言葉から見受けられるようにミケランジェロは他人に嫌われるほどストイックな性格だったとされ、金を得ても必要に迫られなければ食べないなどの逸話が残されている。代表作は「ピエタ」「ダヴィデ像」「最後の審判」など。

私は現実ではありません。ドラマなのです

レディ・ガガ／アメリカ合衆国のシンガーソングライター

自由は山嶺の空気に似ている。どちらも弱い者には堪えることは出来ない

芥川龍之介／小説家

もともと地上に道はない。
歩く人が多くなれば
それが道になるのだ

魯迅（周樹人）／中国の小説家

プラトンは私の友、アリストテレスは私の友、しかし最大の友は真理である

アイザック・ニュートン／イギリスの哲学者・物理学者

Pick up

考え抜いた究極の真理

ニュートンは、微分積分の発明や、太陽光の性質の発見、万有引力の法則の発見など、物理や数学、天文学、自然科学といった幅広い分野で功績を残した人物だ。1642年、彼はイギリスの東海岸にある小さな村で生まれた。誕生前に父が他界、再婚した母とも別れるなど、彼の幼少時代は幸福とは言い難いものであったが、そのような孤独な環境に負けず、書物に親しみ、物事の本質を考え抜く習慣を身につけていった。その後、ケンブリッジ大学に入学すると、当時流行していたペストの影響で、大学が閉鎖され帰郷する。実はこの出来事がニュートンにとって悪いことではなく、むしろ、忙しい大学生活から離れじっくりと思索する良い機会になった。そして、故郷で過ごす22歳のときにあの有名な万有引力の法則を発見した。ニュートンは他に『プリンシピアー自然科学の数学的原理』を出版し、力学の理論体系を築いたほか、53歳で造幣局の幹事になるなど、自然科学研究以外でも活躍した。特に造幣局では、貨幣の重量を正確に定め鋳造することで、にせ金づくりを厳しく取り締まった。真理を得たニュートンには真理を友と呼べるほどじっくりと考え抜く習慣があったようだ。

それでも地球は動いている

ガリレオ・ガリレイ／イタリアの物理学者・天文学者

自ら改良したガリレオ式望遠鏡で木星や月面のクレーター、太陽の黒点の発見をするなどの数々の発見をし、天文学の父と呼ばれる科学者ガリレオ。「天動説」が常識だった時代に「地動説」を主張したが、教会から異端とされ、宗教裁判で有罪とされた。この言葉は宗教裁判で有罪になったときに述べられた言葉であり、どんなときでも「常識を疑い、真理を追求する精神」を貫こうとするガリレオの信念が表れている。

質素を旨とする者こそが
最も豊かである

ヘンリー・デービッド・ソロー／アメリカ合衆国の思想家・詩人・博物学者

（女性にとって）キャリアは
もちろん素晴らしいもの。
でも、凍える夜にそれにくる
まってぐっすり眠れるわけじゃ
ない

マリリン・モンロー／アメリカ合衆国の女優・モデル

だれかが作った世界に、
君が入らなければ
いけないということは
ないんだよ

松井秀喜／プロ野球選手・メジャーリーガー

ひとりの人間にとっては
小さな一歩だが、
人類にとっては
偉大な飛躍である

ニール・アームストロング／アメリカ合衆国の宇宙飛行士

仁に過ぐれば弱くなる
義に過ぐれば固くなる
礼に過ぐれば諂《へつらい》となる
智に過ぐれば嘘を吐く
信に過ぐれば損をする

伊達政宗／戦国大名

一般には「伊達五常訓」と呼ばれる伊達政宗の遺訓。滅私奉公が求められる武士の世界では、儒教の徳である「仁義礼智信」の五常が尊ばれるが、政宗はどの徳も過ぎたるは及ばざるがごとしだと戒めている。戦国時代の厳しい世界を生き抜いた彼らしいバランス感覚に富んだ考えだ。

井の中の蛙　大海を知らず

荘子／中国の思想家

平常心を持って
一切のことをなす人、
これを名人というなり

柳生宗矩／剣術家・大名

99・9％の人間は
勝ち続けられない。
勝ち続けるのは
それくらい難しい

梅原大吾／プロゲーマー

I wonder if we are brave.

（ぼくたち　ゆうきが　あるかしら）

アーノルド・ローベル ／アメリカ合衆国の絵本作家

人間よくなるも
悪くなるも
一寸の間

泉鏡花／小説家

児孫の為に
美田を
買わず

西郷隆盛／武士・政治家

「心の窓」は
いつでもできるだけ数をたくさんに、
そうしてできるだけ広く
明けておきたいものだと思う

寺田寅彦／物理学者・随筆家・俳人

ひとは皆、孤独な動物である。少しでも孤独を和らげるべく一生を費やす

ジョン・アーンスト・スタインベック／アメリカ合衆国の小説家・劇作家

非常時なればなるほど、我々は一面において落ちついて深く遠く考えねばならぬと思う

西田幾多郎／哲学者・京都大学名誉教授

20年続けたけども、もう慈善事業にはさほど関心はないんだ。正義に興味がある。アフリカは施しだけではなく、正義を必要としている

ボノ（ポール・デイヴィッド・ヒューソン）／アイルランドのミュージシャン

人間は考える葦である

(人間はひと茎の葦にすぎない。自然のなかでもっとも弱い。だがそれは考える葦だ)

ブレーズ・パスカル/フランスの哲学者・物理学者

Pick up

人間は弱さを自覚できるから偉大である

パスカルは少年時代から科学の天才として活躍し、圧力の重要な原理を発見したことで知られる。天気予報でよく耳にする気圧の単位「ヘクトパスカル」が有名である。この言葉は、彼の思考メモのような文章を集めて作った本『パンセ』の中に記録されていて、正式な文章は「人間はひと茎の葦にすぎない。自然のなかでもっとも弱い。だが、それは考える葦だ」である。葦は細長い茎と葉が特徴の植物のこと。「人は考えることができるから他の生物より優れている」と誤解されやすいが、実は「人は葦と同じように頼りない存在だが、考える力がある。その自分の弱さを自覚しなさい」というのがパスカルの主張の意図だ。パスカルの生きた時代は合理主義(論理や合理性を拠りどころとする考え方)が支持されていた。人々は考える力によって科学技術を使えるようになり生活が豊かになった。しかし、その一方で自然と乖離し、考える力を持たない人間を蔑視するようになってしまった。そんな思考を正すため、パスカルは人間のことを「弱い葦」にたとえて言葉に残したのだ。

英国は各員がその義務を尽くすことを期待する

(England expects that every man will do his duty)

ホレーショ・ネルソン／イギリスの海軍提督

Pick up

奇策で祖国を守った孤高の英雄

この言葉は、1805年、トラファルガーの海戦でイギリスの海軍提督、ホレーショ・ネルソンが掲げた信号文で同時に末期の言葉である。当時、ヨーロッパはフランス皇帝ナポレオンに支配されていたが、海上支配はかろうじてイギリスにあり、フランスによるイギリス本土侵攻を抑えていた。この状態に痺れを切らしたナポレオンがイギリス本土侵攻を目論み、起こったのがトラファルガーの海戦だ。イギリスは27隻、対するフランス・スペイン艦隊は33隻で数ではナポレオンが有利な状況だった。そこでネルソンは「ネルソンタッチ」という新戦法を考案。当時の主流は、敵と味方が平行に列を作り、撃ち合う戦法だったが、その常識を破り、まず自身の率いる艦隊が敵の列に突っ込み、分断した後に片側の艦隊を大砲で殲滅するという戦法であった。しかし、この戦法には欠点があり、最初に突っ込む艦が敵の集中砲火を必ず受けてしまうこと。ネルソンは自らその役を買って出ると、水兵たちが砲撃の激しさに叫び声を上げるような戦いのなか、甲板の上に颯爽と立ち続けていたと伝えられる。この戦で、銃撃を受けて戦死するが、引き換えにイギリスは勝利。海上覇権を保ちフランスの本土上陸を阻止した。戦争は無論賞賛できないが、独自のアイディアで祖国を守った彼はまさしく孤高の存在である。

おわりに

頑な決意をもって未来を変えて欲しいとき、寛容こそが大切だと説きたいとき、挫折もまた成長のときだと鼓舞したいとき、そんな場面に相応しい気の利いた一言を探したことはありませんか。友人に、同僚に、後輩に、社員に、生徒に、多くを語らずともほんの一言でも支えになる言葉を贈りたくなる場面は少なくありません。たかが一言、されど一言。肩を落とした背中越しに、あるいはまっすぐにその眼を見つめながら、放った一言で圧し掛かる重荷を軽くできるかも知れない、再び立ち上がる勇気につながるかも知れない。

わたしたちはなぜ「言葉」の力に期待してしまうのか。わたしたちはどうして「言葉」に人智を超えた何かが宿ると信じてしまうのか。万葉集に編纂された柿本人麻呂の歌『磯城島《しきしま》の大和の国は　言霊の　助くる国ぞ　ま幸くありこそ』は、言葉の霊力が物事を良い方向へ動かしてくれるやまとの国のことを詠った歌です。まさに言霊《ことだま》が助けてくれる国なればこそ、万葉の時代からわたしたちは言葉の力を信じて疑わず、このことを現代に至るまでずっと受け継いできたのです。

本書を手にとってくださった皆さんにとって、大切な誰かに贈っていただける言葉が一つでも本書から見出していただけたら望外の喜びです。

京都大学総合博物館准教授　塩瀬隆之

索引

『野口英世』奥村鶴吉（岩波書店）
『ハイデガー　すべてのものに贈られること…存在論』貫成人（青灯社）
『ハイネ浪漫派』ハインリッヒ・ハイネ著、石中象治訳（夏目書店）
『はじめての哲学』石井郁男著、ヨシタケシンスケ絵（あすなろ書房）
『話し方入門』デールカーネギー著、市野安雄（創元社）
『羽生善治　神様が愛した青年』田中寅彦（ベストセラーズ）
『パンセ』ブレーズ・パスカル著、前田陽一・由木康訳（中公クラシックス）
『ピカピカ論語』斉藤孝著　大塚いちおイラスト（パイインターナショナル）
『悲劇の誕生』フリードリヒ・ニーチェ著、秋山英夫訳（岩波文庫）
『ビル・ゲイツ　未来を語る』ビル・ゲイツ著、西和彦訳（アスキー出版局）
『ファーブルの生涯』G.V. ルグロ著　平野威馬雄訳（筑摩書房）
『風姿花伝』世阿弥（岩波文庫）
『福翁自伝』（慶應義塾大学）
『福翁自伝と福沢諭吉』星野政直（さ・え・ら書房）
『武士道』新渡戸稲造著、矢内原忠雄訳（岩波文庫）
『ブッダのことば: スッタニパータ（岩波文庫）』中村元訳（岩波書店）
『不動心』松井秀喜（新潮新書）
『プレジデントオンライン』［2014年7月4日］
『フロイト　フリースへの手紙』ジークムント・フロイト著、ジェフリー・ムセイエフ・マッソンほか編、
河田晃訳（誠信書房）
『へこたれない　USBOWED ワンガリー・マータイ自伝』ワンガリー・マータイ著、
小池百合子訳（小学館文庫）
『ペスト』カミュ著
『ヘミングウェイ全集　5』アーネスト・ヘミングウェイ著、佐伯章一、宮本陽吉訳（三笠書房）
『ヘレン・ケラー　目・耳・口が不自由という生涯を乗りこえ、人々に愛と希望を与えつづけた運
動家』フィオナ・マクドナルド著、菊島伊久栄訳（偕成社）
『ポジティブ哲学!　三大幸福論で幸せになる』小川仁志著（清流出版）
『ポスト資本主義社会』ピーター・ドラッカー著、上田惇生訳（ダイヤモンド社）
『北極点グリーンランド単独行』植村直己（文春文庫）
『本質がわかる哲学的思考』平原卓著（ベストセラーズ）
『マイルス・デイビス自叙伝II』マイルス・デイビス、クインシー・トループ著（宝島社）
『マクベス』ウィリアム・シェイクスピア著　小田島雄志訳（白水社）
『マザー＝テレサ――ノーベル平和賞に輝く聖女』望月正子（講談社火の鳥伝記文庫）
『マラソン哲学 ~日本のレジェンド 12人の提言～』陸上競技社編（陸上競技社）
『マリー・キュリー――フラスコの中の闇と光（グレート・ディスカバリーズ）』バーバラ・ゴールドスミ
ス著 小川 真理子監修 竹内喜訳（WAVE出版）
『マリー・キュリー――フラスコの中の光と闇』バーバラ・ゴールドスミス著、小川真理子監修、
竹内喜訳（WAVE出版）
『マンガでやさしくわかるアドラー心理学 2 実践編』岩井俊憲著　星井博文シナリオ
深森あき作画（日本能率協会マネジメントセンター）
『マンガでやさしくわかるアドラー心理学　人間関係編』岩井俊憲著　星井博文シナリオ
サノマリナ作画（日本能率協会マネジメントセンター）
『マンガでやさしくわかるアドラー心理学』岩井俊憲著　星井博文シナリオ　深森あき作画
（日本能率協会マネジメントセンター）
『マンガでわかる! 10代に伝えたい名言集』定政敬子、北谷彩夏著（大和書房）
『道は開ける』デールカーネギー著、香山晶訳（創元社）
『緑色の太陽――芸術論集』高村光太郎（岩波文庫）
『民衆の敵』イプセン著、竹山道雄訳（岩波文庫）
『もう一度、読み直すと面白い世界の英雄・偉人伝（KAWADE夢文庫）　歴史の謎を探る会
編』（河出書房）
『やさしい科学者のことばと論語』藤嶋昭著（朝日学生新聞社）
『山中伸弥先生に、人生とiPS細胞について聞いてみた』山中伸弥、緑慎也
（講談社＋α文庫）
『湯川秀樹　詩と科学』湯川秀樹（平凡社）
『ユダヤの格言99 人生に成功する珠玉の知恵』滝川義人著（講談社）
『よろこびの書――変わりゆく世界のなかで幸せに生きるということ』
by ダライ・ラマ　デズモンド・ツツ　ダグラス・エイブラムス著　菅靖彦訳（河出書房新社）
『乱歩打明け話』江戸川乱歩（河出文庫）
『リーダーになる人に知ってほしいこと』松下幸之助、松下政経塾（PHP研究所）
『李小流大全ーブルース・リー・ライブラリー』ブルース・リー著、ジョンリトル編
（ソニー・マガジンズ）
『老子』蜂屋邦夫訳（岩波文庫）
『老年について』キケロー著、中務哲郎訳（岩波文庫）
『魯迅文集』魯迅著、竹内好訳（筑摩書房）
『論語』金谷治訳（岩波文庫）
『若い読者のための哲学史』ナイジェル・ウォーバートン著、月沢李歌子訳（すばる舎）
『私と小鳥とすずと　金子みすゞ童謡集』　金子みすゞ（JULA出版局）
『私の生涯』ヘレン・ケラー著、岩橋武夫訳（角川書店）
『私の履歴書　昭和の経営者群像7』早川徳次ほか（日本経済新聞社）
『ワンガリー・マータイ「もったいない」を世界へ』フランク・プレヴォ文、オーレリア・フロンティ絵、
高野優監訳、坂田雪子訳、長井佑美訳（汐文社）
『愛の創作』与謝野晶子著（アルス）
『井沢元彦の英雄の世界史』井沢元彦著（廣済堂出版）
『一生折れない自信のつくり方』青木仁志著（アチーブメント出版）
『羽生流・決断の極意　「決断力」＋「大局観」【2冊　合本版】（角川新書）』羽生善治著
（KADOKAWA）
『英［The Gurdian］より』［1995.12.9］
『英エクスター大学編「In Awe Of Words」』［1930］
『科学を飛躍させた人びと―アインシュタイン・湯川秀樹他（誰かに伝えたい!勇気がわいてく
る科学者の言葉）』海部宣男監修（金の星社）
『我が言葉を聴け―歴史をつき動かした50人のカリスマ』ブライアン・マッカーサー編、大谷
堅志郎訳（講談社）
『学び続ける理由 99の金言と考えるベンガク論。（働く理由シリーズ）』戸田智弘著
（ディスカヴァー・トゥエンティワン）
『完全版 いじめられている君へ いじめている君へ いじめを見ている君へ』朝日新聞社編
（朝日新聞出版）
『義足でダンス ~両足切断から始まった人生の旅』エイミー・パーディー著 藤井留美訳
『吉田松陰「人を動かす天才」の言葉――志を立てることから、すべては始まる』楠戸義昭著
（三笠書房）
『宮澤賢治あるサラリーマンの生と死』佐藤竜一著（集英社）
『教えて!哲学者たち?子どもとつくる哲学の教室〈上〉』David A. White原著　村瀬智之・上
田 勢子・山岡 希美訳
『教えて!哲学者たち?子どもとつくる哲学の教室〈下〉』David A. White原著　村瀬智之・上
田 勢子・山岡 希美訳
『教育学 補訂版』中野光（前中央大学教授）平原春好（神戸大学名誉教授）著（有斐閣）
『虞美人草』夏目漱石著（新潮社）
『偶成』西郷隆盛
『君に勇気を未来に光を　賢者の言葉』和田孫博監修（新星出版社）
『現代が受けている挑戦』Arnold J. Toynbee著 吉田 健一訳（新潮社）
『個人心理学講義―生きることの科学（アドラー・セレクション）』Alfred Adler著
岸見一郎訳（アルテ）
『高校生のための哲学・思想入門 哲学の名著セレクション』竹田青嗣、西研著
現象学研究会（筑摩書房）
『魂の言葉』辰吉丈一郎著（ベースボール・マガジン社）
『座右の銘1500――人生を豊かにする言葉のサプリ』座右の銘研究会編（笠倉出版社）
『山月記』中島敦著（文藝春秋社）
『史上最強の哲学入門 東洋の哲人たち』飲茶著（河出書房新社）
『史上最強の哲学入門』 飲茶著（河出書房新社）
『自分だけの武器を作る』釜本邦茂著（株式会社ニュースパイラル）
『自分で決められる人になる! 超訳こども「アドラーの言葉」』齋藤孝著（KADOKAWA）
『自分を信じる勇気 超訳モーツァルト（リンダパブリッシャーズの本）』
『車いすはともだち』城島充著（講談社）
『初期仏教――ブッダの思想をたどる（岩波新書）』馬場紀寿著（岩波書店）
『勝ち続ける意志力』梅原大吾著（小学館）
『小学館版　学習まんが人物館　嘉納治五郎』高田靖彦著　上野直彦著　真田久監修
（小学館）
『笑うショーペンハウアー』ラルフ・ヴィーナー著・編集　酒田健一訳（白水社）
『城砦』サン＝テグジュペリ著
『心が折れそうなときキミを救う言葉』ひすいこたろう著、柴田 エリー著（SBクリエイティブ）
『心に太陽を持て』山本有三編（新潮社）
『心を整え人生を豊かにする哲学者たちのことば』哲学名言研究会著（笠倉出版社）
『新訂 徒然草』吉田兼好著　西尾実・安良岡康作校注（岩波書店）
『新版 ドラッカーが教える最強の経営チームのつくり方』山下淳一郎著（同友館）
『新版 西洋騎士道事典―人物・伝説・戦闘・武具・紋章』Grant Uden、Pauline Baynes著
堀越孝一訳（原書房）
『森田実の言わねばならぬ名言123選』森田実著（第三文明社）
『親子でめざせ!ノーベル賞―受賞者99人の成長物語』 石田寅夫（著）（化学同人）
『人と思想 14 ルソー』中里良二著（清水書院）
『人と思想 3 ソクラテス』中野幸次著（清水書院）
『人間の土地』サン＝テグジュペリ著
『人生に必要な知恵はすべて幼稚園の砂場で学んだ』ロバート・フルガム著　池央耿訳
（河出書房新社）
『人生の教養が身につく名言集』出口治明著（三笠書房）
『人生の励みになるアスリートたちの言葉　勝言』アスリート勝言研究会著（笠倉出版社）
『人生を切り拓く　英文対訳名言は力なり』野末陳平　J.B.シンプソン　隈部まち子
金田一春彦編（講談社）
『図解 いちばんやさしい哲学の本』沢辺有司著（彩図社）
『水木さんの幸福論』水木しげる著（角川書店）
『世界の哲学者に学ぶ人生の教室』白取春彦・冀劍制著（ディスカヴァー・トゥエンティワン）
『世界の名言名句1001』（ロバートアープ編 大野晶子・高橋 知子・寺尾 まち子訳
『世界を変えた人たち365』田島信元監修（永岡書店）
『世界を変えた哲学者たち』堀川哲著（KADOKAWA/角川学芸出版）
『世界最高の処世術 菜根譚』守屋洋著（SBクリエイティブ）
『性格は変えられる（アドラー心理学を語る1）』野田俊作著（創元社）
『正岡子規の〈楽しむ力〉』坪内稔典著（NHK出版）
『生きぬく力を育む こども座右の銘280』国際政治文化研究会監修、
シャスタインターナショナル編（シャスタインターナショナル）
『禅』 鈴木大拙著 工藤澄子訳（筑摩書房）
『大リーガー イチローの少年時代』鈴木宣之著（二見書房）
『超訳 ゲーテの言葉』ヨハン・ヴォルフガング・フォン・ゲーテ著　金森 誠也・長尾剛訳（PHP
研究所）
『超訳　ニーチェの言葉』白取春彦著　芹川晴夫ナレーション
（ディスカヴァー・トゥエンティワン）
『超訳 ヒルティの幸福論: 世界で一番幸せになる「思考力」』Carl Hilty著 齋藤孝訳
（三笠書房）
『頂上の彼方へ ~究極の山から得た40の教訓』トッド・スキナー著　近藤隆文訳
（NHK出版）
『通夜物語』泉鏡花著（春陽堂）
『哲学 雑学3分間ビジュアル図解シリーズ』（PHP研究所）
『哲学者の言葉 いま必要な60の知恵』富増章成著（角川学芸出版）
『哲学書で読む 最強の哲学入門』竹田青嗣監修（学研プラス）
『哲学用語図鑑』田中正人著、斎藤哲也編（プレジデント社）
『転んでもただでは起きるな! - 定本・安藤百福』安藤百福発明記念館著（中央公論新社）
『道』フェデリコ・フェリーニ
『日本大百科全書』（小学館）
『悩みや不安にふりまわされない! こどもブッダのことば』
『破片』寺田寅彦著
『評伝 キャパ――その生涯と「崩れ落ちる兵士」の真実』吉岡栄二郎著（明石書店）
『福沢諭吉（コミック版世界の伝記）』上永裕正監修 吉田健二漫画（ポプラ社）
『分析心理学』カール・グスタフ・ユング著 小川捷之訳（みすず書房）
『兵法家伝書』柳生宗矩著
『米「エスクァイア」誌"Case of Voluntary Ignorancw"より［1956.10］』
『米「ニューヨーカー」誌』［1929.11.30］
『米「ニューヨーク・タイムズ」』［1921.10.28］
『米「ニューヨーク・タイムズ」』［1923.3.18］
『米「ライフ」誌』［1956.5］
『米サタデー・イヴニング・ポスト誌』［1929］
『未来の扉をひらく偉人のことば』和田孫博監修（新星出版社）
『夢は逃げない。逃げるのはいつも自分だ。』高橋歩著（サンクチュアリ出版）
『無限の可能性を引き出す! 超訳こども「アインシュタインの言葉」』齋藤孝著
（KADOKAWA）
『明日へのタックル!』 吉田沙保里著（集英社）
『夜間飛行』サン＝テグジュペリ著
『勇気は10倍以上の言葉』河内宏之著（PHP研究所）
『淀川長治の映画人生』岡田喜一郎著（中央公論新社）
『歴史主義の貧困（日経BPクラシックスシリーズ）』カール・ポパー著　岩坂彰訳（日経BP）
『論語と算盤』渋沢栄一著（KADOKAWA）
『侏儒の言葉』芥川龍之介著（文藝春秋社）
『漱石日記（岩波文庫）』夏目漱石著　平岡敏夫編（岩波書店）
映画「The Circus」bySir Charles Spencer Chaplin
https://americancenterjapan.com/aboutusa/translations/2390/
https://archive.org/details/scienceofliving029053mbp
https://dcollections.lib.keio.ac.jp/en/fukuzawa
https://googlepress.blogspot.com/2009/05/larry-pages-university-
of-michigan.html
https://iso-labo.com/labo/words_of_OscarWilde.html
https://kaiseigakuen.jp/about/idea/
https://oyobi.com/
https://www.a-inquiry.com/category/ijin/
https://www.guinnessworldrecords.jp/world-records/most-prolific-painter
https://www.lib.hokudai.ac.jp/collections/clark/boys-be-ambitious/
https://www.modernamuseet.se/stockholm/en/
https://www.nybooks.com/
https://www.toshogu.or.jp/about/goikun.php
https://www.town.oji.nara.jp/
https://www.y-history.net/appendix/wh0103-157.html